ESTHER VILAR

LE SEXE POLYGAME

OU

LE DROIT DE L'HOMME
À PLUSIEURS FEMMES

OMNIA VERITAS

ESTHER VILAR

LE SEXE POLYGAME OU LE DROIT DE L'HOMME À PLUSIEURS FEMMES

Das polygame Geschlecht.

Das Recht des Mannes auf zwei Frauen - 1974

Traduit de l'allemand par Raymond Albeck

Publié par

OMNIA VERITAS LTD

www.omnia-veritas.com

Ceci est un livre sur l'amour.

Sur ce qu'est l'amour, ce qu'il peut être,

et sur ce que les femmes en ont fait.

Le sexe polygame est un livre sur l'amour. Son auteur, Esther Vilar, est une féministe, certes, et même une super féministe... mais à contre-courant ! Pour elle, ce ne sont pas les hommes qui portent la véritable responsabilité des maux dont souffre la condition féminine. Elle accuse les femmes - le machiavélisme obstiné et erroné des femmes -, occupées depuis toujours à manipuler les intentions de l'homme en vue d'en tirer le maximum de profit. Pamphlet cinglant, d'une humeur impitoyable, Le sexe polygame retrouve les causes profondes du sous-développement du « deuxième sexe », et celles de la polygamie du « sexe fort ».

EXISTE-T-IL DEUX TYPES D'AMOUR ENTRE L'HOMME ET LA FEMME ?

Qu'on se représente un scénario de film, où se trouve la scène suivante :

Le soleil, la mer, une plage solitaire, un homme et une femme

L'homme :   Ma chérie, tu es si silencieuse. Qu'as-tu ?

La femme :   Rien.

L'homme :   Parle, je t'en prie.

La femme :   Je ne sais comment te le dire.

L'homme :   Comment me dire quoi ? (Pause)

La femme :   Je voudrais te quitter.

L'homme :   Tu as quelqu'un d'autre ?

La femme :   Oui.

L'homme :   Es-tu sûre de l'aimer ?

La femme :   Oui.

L'homme :   Plus que moi ?

La femme :   Je ne peux plus vivre sans lui.

L'homme :   (il passe son bras autour des épaules de la femme) Merveilleux !

La femme :   Qu'est-ce que tu dis ?

L'homme :   Je dis « merveilleux ». - Prends-le vite.

La femme :   Et tu te réjouis ?

L'homme :   Pourquoi pas ?

La femme :   Tu ne m'aimes donc plus ?

L'homme :   Au contraire.

La femme :   Tu m'aimes ?

L'homme :   Je t'aime, je veux que tu sois heureuse.
Attendais-tu de moi quelque chose d'autre ?

C'est alors, s'il est allé jusque-là dans sa lecture, que le producteur qui étudie ce scénario bondit sur le téléphone pour appeler son auteur et lui demander s'il n'a pas perdu la tête. Voyons, il a expressément commandé une scène d'amour. Or, cela n'a jamais été une scène d'amour, jamais de la vie. Dans une vraie scène d'amour, l'homme devrait au moins défoncer le crâne de la femme, puis sauter en voiture et démarrer dans un crissement formidable de pneus pour aller rosser son rival.

Mais l'auteur ne se prête qu'à contrecœur à un changement quelconque : l'homme qui aime vraiment sa femme, répond-il, ne peut se comporter autrement. Le véritable amour est en premier lieu désintéressé.

Si le producteur insiste et poursuit la discussion, il en résultera qu'il peut exister deux sortes différentes d'amour entre un homme et une femme : un amour qui pardonne et un amour qui se venge, l'un qui se sacrifie et l'autre avide de posséder, celui qui donne et celui qui prend...

Serait-ce vrai ? Existerait-il entre l'homme et la femme deux formes différentes d'amour, contradictoires dans leur essence ? Ou bien l'un de ces amours est-il le seul à être vrai, l'autre n'en portant que le nom ?

Comment est-il possible qu'il y ait encore une telle incompréhension au sujet d'un phénomène que - pour ainsi dire - tout adulte a expérimenté au moins une fois dans sa vie, que plusieurs générations de psychanalystes ont exploré à fond, et qui reste depuis toujours le thème favori des écrivains, des compositeurs et des autres artistes ?

Mais qu'est-ce que l'amour ?

Si l'on veut parler d'amour, il faut commencer par le début : nous devons ramener brièvement notre vie personnelle et celle qui nous entoure à certains principes fondamentaux. Si nous rencontrons ici ou sur une autre planète quelque chose de vivant, nous devons présumer

que cette chose obéit à des lois qui aboutissent finalement
à créer de la vie à partir de la matière morte. Sans ces lois,
il n'y aurait aucune vie possible. Et si le principe général
de la vie est le changement - ce que Darwin appelle
variation et sélection -, alors nous devons y inclure la
mort, l'anéantissement : autrement, le matériau nécessaire
au changement serait bientôt dégradé.

L'être vivant doit obéir au moins aux trois « principes
fondamentaux de la vie » :

1. Se maintenir en vie (conservation) ;
2. Transmettre la vie avant de mourir, pour qu'elle puisse
continuer (reproduction) ;
3. Assurer la vie de l'être auquel il l'a transmise tant que
cet être ne peut lui-même le faire (instinct nourricier).

L'être vivant qu'est l'homme est lui aussi soumis à ces
trois impératifs : conservation, reproduction et instinct
nourricier. Autrement, il n'existerait pas.

L'instinct de conservation est dans une certaine mesure
asocial, son effort porte exclusivement sur l'individu lui-

même. Au contraire la reproduction et l'instinct nourricier sont des mécanismes sociaux puisque nous avons besoin des autres pour les satisfaire.

En effet, dans un cas, nous avons besoin de partenaires sexuels ; dans l'autre, d'objets de protection.

Nous serions tentés de voir dans ces deux instincts sociaux le fondement biologique de l'amour, car l'amour est leur accomplissement le plus intense et le plus durable, l'attachement que nous ressentons pour notre partenaire sexuel ou pour nos propres enfants. Avoir un amant, une amante, c'est être heureux. Grâce à lui ou grâce à elle, nous assouvissons aussi souvent que possible notre besoin sexuel et nous lui disons : je t'aime. Si cette relation a du plomb dans l'aile, nous nous plaignons d'être la proie d'un « chagrin d'amour ». Cet état dure chez nous le temps de trouver un remplaçant ou une remplaçante, un « nouvel amour ».

Posséder l'objet de notre protection, c'est évidemment devoir le protéger : nous risquons notre vie pour lui, nous ne voulons que son bien et nous lui vouons notre amour.

Le perdre, c'est être malheureux. Nous disons alors que nous avons perdu ce que nous avions de plus cher au monde.

Donc, nous employons toujours le mot amour, quel que soit le sens que nous donnions à son objet : partenaire sexuel ou protégé. Pourtant, ce qu'il signifie alors est fondamentalement, essentiellement, différent. Pour inspirer le désir d'être protégé, il faut remplir certaines conditions préalables autres que celles que nous exigeons d'un partenaire sexuel, et vice versa.

C'est-à-dire que notre vis-à-vis détermine le type de besoin biologique que nous voulons satisfaire. Ces qualités décident du type d'amour que nous lui vouerons.

Quelles sont ces qualités ?

Pour faire jouer l'instinct de protection, il faut remplir trois conditions préalables : être physiquement inférieur à celui qui doit vous protéger, lui être également intellectuellement inférieur, et aussi lui être semblable.

Nul besoin de démontrer la nécessité absolue des deux premières relations : il serait absurde de vouloir protéger quelqu'un de physiquement et d'intellectuellement supérieur, ou qui soit aussi fort que nous. La différence entre les générations est la meilleure des différences obligatoires entre protecteur et protégé. Aussi ce mécanisme fonctionne-t-il sans à-coup entre parents et enfants en bas âge.

Et il est facile de démontrer que la ressemblance est indispensable. L'amour qu'éprouve le protecteur pour le protégé repose sur le motif le plus simple et à la fois le plus efficace qu'on puisse imaginer : celui de l'identification. Il faut que je me reconnaisse dans mon protégé, il doit donc me ressembler dans toute la mesure du possible. Si l'on voulait protéger quelqu'un uniquement parce qu'il est plus faible que soi, on pourrait en désavantager d'autres plus ressemblants, par exemple les membres de votre propre espèce. Or « l'égoïsme de groupe » est certainement le mécanisme le plus simple, le plus efficace et le plus « légitime » de tous les mécanismes sociaux : chacun s'occupe en premier lieu de soi et des siens. C'est seulement ainsi que les animaux réussissent à survivre sans législation sociale et sans idéologies.

Or, c'est justement chez les animaux qu'on peut observer distinctement que l'instinct de protection varie avec le degré de ressemblance. Chez eux, si la mère met au monde un petit qui ne lui ressemble pas, elle le repousse sans pitié. La ressemblance n'est pas forcément dans l'aspect extérieur, il peut s'agir d'une ressemblance accessoire - du moins du point de vue humain - comme celle de l'odeur. Elle peut être partielle - elle l'est obligatoirement - mais là où elle joue, elle devient une question de vie ou de mort.

Tout enfant sait qu'il ne faut pas qu'il remette dans son nid, avec ses mains nues, le petit oiseau qui en est tombé : à cause de son odeur devenue étrangère, la mère le rejettera dans le vide. Si l'on veut qu'une mère animale accepte un petit qui n'est pas le sien, on devra recourir à des manœuvres fallacieuses dans le but final de fabriquer une certaine ressemblance. Alors seulement elle sera disposée à assurer les besoins de l'intrus.

L'homme lui aussi assure les besoins de son prochain d'après le principe de la ressemblance. C'est la mère qui s'adapte le plus facilement à cette identification avec le nouveau-né : elle sent sa présence depuis des mois, il sort d'elle, il est-elle. Pour le père, c'est seulement la raison qui parle ; au début, son indifférence à l'égard de l'enfant est assez grande. Bien qu'on lui assure constamment que ce bébé est « tout à fait lui », il lui est difficile d'en convenir. Ce n'est que plus tard qu'il accepte cette ressemblance : dès lors, il commence à aimer son enfant.

Cette prédisposition de la femme à une identification immédiate impossible chez l'homme fait croire qu'elle est, des deux parents, celui qui est le plus capable d'abnégation. Du fait qu'elle n'hésite pas un moment à voir dans son enfant l'objet de sa protection, d'où l'intervention instantanée chez elle de l'instinct nourricier, on tient l'amour maternel pour un sentiment plus puissant que le paternel. En réalité, il s'agit seulement d'un petit décalage dans l'apparition de deux sentiments d'une force égale, dû uniquement à des causes biologiques.

Un père peut aimer ses enfants tout autant que la mère, et l'instinct nourricier ne cède en rien chez l'homme à celui de la femme ; c'est là un fait qu'établit suffisamment l'échange de leur rôle dans certaines cultures primitives et que confirme le résultat des expériences sociologiques modernes.

L'homme n'est pas qu'un animal, il n'obéit pas seulement à ses instincts ; il peut les identifier, en avoir pleinement conscience et prendre ses distances avec eux, il peut également les modifier ou les généraliser. Il peut par exemple élargir le principe de la ressemblance et se reconnaître dans d'autres formes de vie qui ont besoin de protection. Sa raison peut le convaincre que les hommes d'une couleur de peau autre que la sienne sont ses égaux, et cela contre l'injonction absurde de son instinct (« Les Noirs sont eux aussi des hommes », « Les Blancs sont également des hommes »), tout comme il admet que des handicapés physiques et mentaux sont les égaux de l'individu en parfaite santé. Cette « humanisation » de l'instinct nourricier, qui n'est possible que chez l'homme, prend chez lui la forme de l'amour du prochain. L'amour du prochain, ou altruisme, n'est autre que cet instinct cultivé par l'intelligence.

L'instinct ne peut donc assurer la réalisation totale de l'amour du prochain. Il manque à l'objet de notre protection la ressemblance « biologique ». Aussi cela ne va-t-il pas de soi qu'on le protège. Pour donner le change à l'instinct qui se fonde sur la similitude, il faut souvent beaucoup de force de conviction mais aussi une grande maîtrise de soi.

C'est la raison pour laquelle on considère l'amour du prochain, ou altruisme, comme une vertu.

Même dans nos pays chrétiens, on n'a pas encore réussi à mettre en pratique la motivation de l'instinct nourricier prêchée par Jésus. Sa doctrine - se reconnaître dans son prochain et agir en conséquence - remplace la similitude d'ordre biologique par une similitude d'ordre intellectuel ; s'élevant contre des conditions préalables purement « naturelles », elle les condamne comme étant un « mal », tout comme le fait à peu près le principe de similitude des marxistes. Du fait même que ces valeurs sont souvent inaccessibles, elles sont « supérieures » : car la valeur d'une chose demeure déterminée par sa rareté.

En règle générale, on ne s'occupe de ces objets - que nous appellerons incomplets - de protection, que contre rémunération, soit matérielle, soit idéale : argent, succession, moins de solitude, considération sociale, promesse de vie éternelle dans un luxe paradisiaque.

Parmi ces objets incomplets de protection, on compte entre autres les malades, les nécessiteux, les enfants d'autrui et les femmes. Dans un chapitre à part, nous traiterons de la femme comme objet incomplet de protection de l'homme.

Nous avons dit que la condition préalable pour devenir objet de protection est une ressemblance - aussi grande que possible - avec le protecteur, accompagnée d'une infériorité, aussi grande que possible, physique et intellectuelle, qui s'exprime le mieux par la différence des générations. Les conditions préalables qu'on exige d'un partenaire sexuel sont exactement l'inverse. Elles consistent dans une opposition - aussi grande que possible, mais polarisée - des deux partenaires dans tout ce qui est spécifiquement sexuel (physique au sens le plus large du mot), et d'une ressemblance - elle aussi grande que possible - dans tout ce qui n'est pas spécifiquement sexuel et physique, là aussi au sens le plus large du mot.

Toutes les caractéristiques qui soulignent le contraste existant entre moi et un membre quelconque de l'autre sexe accroissent ma chance de devenir son partenaire sexuel, à condition que « nous nous comprenions », c'est-à-dire que nous nous ressemblions dans tout ce qui n'est pas spécifiquement sexuel. Les contrastes d'ordre sexuel peuvent être plus ou moins généraux ou plus ou moins individuels, selon qu'ils se rapportent à l'autre sexe tout entier ou à une certaine personne de ce sexe. Les hommes à forte barbe, à la poitrine velue, aux larges épaules et aux hanches étroites, au membre très développé, sont généralement plus recherchés que d'autres. Et les hommes préfèrent habituellement des femmes à la peau douce, à la forte poitrine et aux hanches larges, quand il s'agit uniquement de l'acte sexuel. Plus il y a de polarités individuelles, plus le rapport sexuel tend à l'idéal. La fascination tant remarquée qu'exercent les blonds sur les bruns et les yeux bleus sur les yeux foncés, et vice versa, n'est pas l'effet du hasard. Aussi chacun fait-il tout pour souligner, de la manière la plus habile possible, ses contrastes avec l'autre sexe, ou avec une certaine personne appartenant à ce sexe. Faute de contrastes existants, on essaiera au moins de simuler : par exemple en développant les muscles de ses bras, en portant des seins en caoutchouc, en se coupant les cheveux très courts ou en les laissant pousser jusqu'aux reins, etc.

C'est là l'origine des modes de comportements qu'on dit « typiquement virils » et « typiquement féminins » : il s'agit toujours d'une simulation consciente ou inconsciente de qualités spécifiquement sexuelles. Sourire rarement ou souvent, parler beaucoup ou peu, balancer les hanches en marchant ou non, voilà qui rend l'être humain « plus viril » ou « plus féminin ». Que ce soient des qualités simulées est prouvé par leur soumission à la mode et le fait qu'on s'en débarrasse en cas de besoin. Les femmes des premiers films sont tout autrement « féminines » que chez Truffaut ou Godard. Une femme qui se comporterait aujourd'hui comme une vamp des années 20 ne paraîtrait pas plus féminine, mais ridicule.

La loi biologique prescrit le mélange de facteurs héréditaires extrêmement opposés. Quiconque veut ignorer cette loi ou l'éluder, quiconque ne présente aucune caractéristique extrême féminine ou virile et refuse de s'en parer, a peu de chances d'éveiller l'instinct sexuel de quelqu'un d'autre, c'est-à-dire peu de chances de se reproduire.

Nous l'avons déjà dit : à la polarité dans le domaine spécifiquement sexuel correspond la similitude dans tous les autres. Naturellement, dans la plupart des cas, un homme aura une force physique quelque peu supérieure à celle de la femme, et c'est là une qualité spécifiquement sexuelle qui inspire un attrait réciproque. Mais dès que cette différence devient trop grande - dès qu'une femme est si faible ou joue la faiblesse de telle sorte qu'on ne peut plus considérer cette différence comme un élément spécifiquement sexuel - un danger se présente : l'instinct de protection du plus fort peut contrarier l'instinct sexuel. L'homme craindra de faire du mal à sa partenaire, il sera plein d'égards pour elle, il la « ménagera ». Si à l'infériorité physique s'ajoute l'infériorité intellectuelle, le plus fort et le plus intelligent en viendra de plus en plus à considérer l'autre comme l'objet de sa protection.

L'acte sexuel - normalement une sorte de corps à corps - n'est alors possible que grâce à la très grande maîtrise de soi du plus fort, ce qui élimine l'essentiel de l'acte. En plus du contraste physique de l'homme et de la femme, l'égalité intellectuelle est donc la condition préalable d'un amour réciproque.

Dans le domaine qui n'est pas spécifiquement sexuel, une bonne garantie de similitude est l'équivalence des générations. Par génération, nous entendons le nombre d'années qui sépare la naissance d'un individu et celle de son premier rejeton : une génération humaine compte donc de vingt à vingt-cinq ans. La sexualité est de toute façon une affaire d'adultes, mais si la différence d'âge des partenaires est supérieure à vingt-cinq ans et que l'un appartienne ainsi à la génération des grands-parents de l'autre, les chances d'un rapport sexuel satisfaisant pour les deux parties sont relativement minces. Certes, il existe des cas dans lesquels le dynamisme particulier d'une personne jette pour quelque temps un pont au-dessus de cette frontière biologique, mais ces exceptions confirment la règle. La fréquence des relations qui existent entre des femmes jeunes et des hommes que plus d'une génération sépare d'elles n'est pas la preuve du contraire, car elles sont fondées sur des conditions préalables toujours les mêmes : le bien-être ou la considération sociale de l'homme plus âgé de vingt-cinq ans. S'il s'agissait d'un mécanisme biologique qui jette ainsi des jeunes femmes pleines d'attrait dans les bras d'hommes beaucoup plus âgés, on verrait également des jeunes filles riches épouser de vieux retraités démunis de tout.

De même qu'un être humain peut motiver son instinct nourricier et le transformer en altruisme, il peut également motiver son instinct sexuel.

Contrairement à l'animal l'être humain, pour des obligations religieuses ou culturelles, par crainte des conséquences ou en vue d'un certain avantage - comme le mariage - peut renoncer provisoirement ou pour toujours à ce genre d'activité. Au lieu de réprimer totalement son instinct sexuel, il peut aussi le modifier en recourant à une activité de remplacement ou en le transposant... Par exemple, il peut se rendre compte qu'il désire « X » sexuellement à cause de telle ou telle de ses caractéristiques, mais qu'il lui est impossible de l'obtenir. En revanche, voici « Y ». C'est le type de rationalisation de l'instinct sexuel que nous nommerons « l'amour raisonnable », celui qu'on fonde sur une « conception supérieure ».

De même que l'objet de l'amour du prochain est toujours un objet incomplet de protection, celui de l'amour raisonnable ne peut être qu'un partenaire sexuel incomplet, c'est-à-dire qu'il s'agira d'un être insuffisant à ce point de vue spécifique, soit que le contraste physique ne soit pas assez marqué (pas assez de virilité ou de féminité), soit que la ressemblance psychique soit déficiente (trop de bêtise ou d'intelligence). Pour un partenaire incomplet, on n'éprouve de désir qu'aussi longtemps qu'un partenaire complet demeure inaccessible, à moins qu'on ait en vue une récompense, une rémunération ou quelque autre avantage : argent, moins de solitude, considération sociale, mise au monde d'objets communs de protection (enfants), etc.

Parmi les formes extrêmes de l'amour raisonnable ou rationnel, citons la fréquentation des bordels, l'autosatisfaction, la pornographie, le voyeurisme. L'abstraction de l'amour véritable est alors portée à un tel point qu'il est totalement remplacé par une simple manipulation symbolique.

TOUS LES INSTINCTS PEUVENT ÊTRE MANIPULÉS

R ésumons-nous : les caractéristiques de l'objet de notre protection sont exactement opposées à celles de notre partenaire sexuel. Le protégé et le protecteur se ressemblent extérieurement, les partenaires sexuels sont physiquement différents, contrastés ; le protégé est inférieur physiquement et spirituellement à son protecteur, les partenaires sexuels sont des égaux. Les caractéristiques en tous points contradictoires, totalement incompatibles, de partenaire sexuel et de protégé, conditionnent deux sentiments, eux aussi incompatibles. Ces sentiments n'ont entre eux qu'un seul point commun, mais lourd de conséquences : le nom par lequel on les désigne : l'amour.

Revenons à notre exemple du début, à la discussion entre le producteur de films et l'auteur au sujet du « vrai » amour. Selon l'auteur, l'amour véritable de l'homme se manifeste par l'abandon, sans combat, de sa femme à son rival, parce que - affirme-t-il - le bonheur de sa femme lui est plus important que le sien. Nous le savons maintenant : c'est de l'amour, et du vrai, mais de l'amour du prochain, de l'altruisme. Or, l'altruisme n'a rien à voir avec l'amour qui unit un homme et une femme. Les sentiments que comporte l'amour du prochain : abnégation, esprit de sacrifice, tolérance, relèvent exclusivement du type d'amour qu'on ressent envers l'objet qu'on protège. C'est le genre de sentiment qu'un homme éprouve envers un gentil petit orphelin. Ce n'est que parce que l'orphelin est ici une femme - ce qui arrive souvent quand les hommes jouent le bon Samaritain - que les traits caractéristiques de l'altruisme deviennent difficilement décelables.

Pourquoi l'opinion que représente ici l'auteur du scénario nous semble-t-elle si « raisonnable » ? Pourquoi confond-on aussi souvent l'altruisme et l'amour sexuel ? Pourquoi la plupart des gens tiennent-ils l'altruisme pour la chose la plus importante, même dans les rapports de deux partenaires sexuels, tandis qu'ils considèrent comme inférieur l'amour sexuel pur, exigeant, avec sa réciprocité ? Pourquoi ces mêmes gens ont-ils mauvaise conscience quand ils ne ressentent pas envers leur partenaire sexuel la même chose que pour un cas social : un sentiment d'abnégation, de sacrifice, de tolérance, et pourquoi avouent-ils avec une certaine honte, alors qu'ils l'aiment sexuellement, qu'ils « ne l'aiment pas vraiment » ?

Nous l'avons constaté : tant que nous suivons nos instincts, tout se passe absolument sans complications : nous avons nos enfants comme objets à protéger, et nos partenaires sexuels comme objets sexuels. Mais l'homme n'est pas un animal. Contrairement à ce dernier, l'homme peut reconnaître ses instincts et les soumettre à sa raison. Il peut, s'il le veut, protéger des objets incomplets de protection en tant que tels, et s'accoupler avec des partenaires sexuels incomplets. Et il peut encore, s'il le désire, traiter l'objet de sa protection comme un objet sexuel, et son partenaire sexuel comme un objet à protéger.

Si l'amour entre l'homme et la femme est ainsi déformé en simple amour du prochain, il faut que quelque chose ou quelqu'un ait corrompu artificiellement un principe naturel intact.

Utilisons l'art du policier : demandons-nous à qui profite le crime.

Qui a eu le pouvoir de mener à bien une telle manipulation des sentiments humains ?

QU'ENTEND-ON PAR POUVOIR ?

ontrairement à l'instinct de conservation dont l'objet est l'individu lui-même, les instincts de reproduction et nourricier sont des instincts sociaux dont l'objet est quelqu'un d'autre, ce qui veut dire qu'ils nous font dépendre d'autrui et vice versa. Les instincts sexuel et nourricier sont donc la clef de notre pouvoir sur les êtres comme de notre indépendance à leur égard.

Exercer le pouvoir sur une autre personne, c'est devenir l'objet de ses instincts sociaux sans qu'elle soit l'objet des nôtres. Dépendre de quelqu'un, c'est concentrer sur lui la satisfaction de nos instincts sociaux sans qu'il nous paie de retour. Selon que nous tenons quelqu'un sous notre pouvoir en tirant profit d'un seul de ces instincts sociaux ou des deux, nous exerçons sur lui un pouvoir partiel ou absolu. Il s'agit ici d'un pouvoir dont les causes sont biologiques. Nous parlerons plus tard de celui que conditionnent des raisons d'ordre psychologique.

Soit deux êtres humains ; si l'on veut savoir lequel des deux exerce le pouvoir sur l'autre, il suffit de se demander lequel est capable de manipuler l'instinct sexuel ou l'instinct nourricier du second. Il en est de même dans les rapports entre les groupes d'hommes : classes, races, communautés confessionnelles, générations, sexes. Celui qui détient la position de départ la plus favorable, qui peut concentrer sur lui les instincts sociaux des autres sans s'engager lui-même, exerce indiscutablement le pouvoir.

Du fait que les instincts sexuel et nourricier sont les deux instincts sociaux les plus importants, on ne peut poser fondamentalement la question de détention du pouvoir qu'en termes de sexe ou de génération. Dans ce domaine, le véritable pouvoir est exercé par les objets protégés ou les objets sexuels (au sens de « politique de puissance », le partenaire sexuel devient lui aussi un objet). Tout ce que nous désignons d'autre comme étant puissant, repose sur la violence, c'est-à-dire sur la force physique. La différence est que je sers malgré moi l'être qui me domine par la violence tandis que je sers volontairement l'être qui détient sur moi le pouvoir tel que nous venons de le définir.

Un adulte de mon sexe, d'une classe sociale quelconque, d'une autre race, d'un groupe politique quel qu'il soit, peut au plus me dominer par la violence, c'est-à-dire qu'il peut m'asservir seulement s'il est plus fort que moi. Mais en revanche quel pouvoir ne possédera-t-il pas si j'attends de lui, volontairement ou par obligation, la-satisfaction de mon instinct sexuel ou de mon instinct nourricier, ou des deux ? Serait-il mille fois plus faible, je ferais tout ce qu'il exige de moi.

Ce pouvoir, c'est vraiment la domination absolue. La violence ne vient qu'au second rang, et son efficacité est beaucoup moins grande.

QUI DÉTIENT LE POUVOIR ?

Du fait que l'instinct nourricier et celui de reproduction décident du pouvoir chez les êtres humains, il existe chez eux trois groupes potentiels de puissance :

a)   L'enfant (objet protégé) exerce son pouvoir sur ses protecteurs, c'est-à-dire sur les hommes et les femmes qui subviennent à ses besoins.

b)   L'homme (objet sexuel) exerce son pouvoir sur les femmes qui le désirent sexuellement, mais n'en a aucun sur ses enfants. (Contre ces derniers il ne peut recourir qu'à la violence.)

c)   La femme (objet sexuel) exerce son pouvoir sur les hommes qui la désirent, mais n'en a aucun sur ses enfants. (Contre eux, elle aussi ne peut recourir qu'à la violence.)

Selon ce schéma fondamental, nul ne peut détenir sur l'autre un pouvoir absolu : les hommes et les femmes se tiennent réciproquement en respect par l'instinct sexuel, et les enfants n'ont qu'un pouvoir partiel sur leurs parents du fait qu'ils ne bénéficient que d'un seul des deux instincts sociaux, l'instinct nourricier.

Couplant les siens ou ceux des autres, il parvient à s'arroger plus de pouvoir biologique que la part qui lui revient. Dans ce domaine, ses possibilités les plus importantes sont les suivantes :

a)   Un objet protégé peut élargir son pouvoir sur son protecteur en s'offrant à lui comme partenaire sexuel.

b)   L'un des partenaires sexuels peut élargir son pouvoir sur l'autre en s'offrant à lui comme objet protégé.

c)   L'un des partenaires sexuels peut élargir son pouvoir sur l'autre en maîtrisant son propre instinct sexuel pour mettre l'autre en position de demandeur.

Partons du principe que la compétition est un phénomène général chez l'être humain, et que par conséquent chacun des trois groupes de puissance tente d'élargir son pouvoir en manipulant - chez lui et chez les autres - l'instinct de reproduction et l'instinct nourricier. Dans ce cas, lequel des trois groupes -enfants, hommes, femmes - bénéficie des meilleures conditions pour le faire ?

Théoriquement, l'enfant ne peut élargir son pouvoir qu'en s'offrant à ses protecteurs comme partenaire sexuel. Du fait que l'exercice de la sexualité présuppose la fin de l'enfance, ce n'est pas réalisable. L'enfant ne peut donc dominer ses protecteurs qu'en utilisant leur instinct nourricier : son pouvoir se trouve limité par des causes biologiques.

L'homme, théoriquement, ne peut élargir son pouvoir qu'en maîtrisant son instinct sexuel pour mettre la femme en position de demanderesse. Du fait de sa supériorité physique et intellectuelle, il peut rarement tirer parti de l'instinct nourricier de sa partenaire. Ce n'est donc que dans des cas d'exception que l'homme exercera sur la femme un pouvoir absolu.

Théoriquement, la femme peut élargir son pouvoir en maîtrisant son instinct sexuel pour mettre l'homme en position de demandeur. Du fait de son infériorité physique et intellectuelle, elle peut en outre tirer parti de l'instinct nourricier de l'homme. Elle est donc la seule à avoir la possibilité de s'offrir à la fois comme objet à protéger et comme partenaire sexuel, comme inférieure et pourtant comme pôle opposé. Des trois groupes de puissance, la femme est la seule à pouvoir posséder complètement un autre groupe, celui de l'homme.

Puisque tous les êtres humains luttent pour s'assurer toujours plus de puissance, il serait absurde de supposer que les femmes y ont renoncé.

LE POUVOIR DU PLUS FAIBLE

U n objet à protéger, avons-nous dit, doit être inférieur et semblable à son protecteur. Si une femme veut parvenir à jouir des privilèges de l'objet protégé, elle doit se soumettre à deux exigences préalables : premièrement, elle doit être plus faible et plus bête que l'homme dont elle recherche la protection. Sinon, il lui faut feindre la faiblesse et la bêtise. Quant à la seconde condition, celle de la ressemblance physique, la femme se heurte à l'impossibilité de la remplir. Elle s'offrira donc à l'homme qu'elle a choisi sous un aspect enfantin et trompeur, en tant qu'objet incomplet de protection. C'est-à-dire qu'elle tentera de devenir l'objet de P amour du prochain, de l'altruisme, de l'homme.

La plus grande difficulté qu'elle rencontre dans cette manipulation des instincts, c'est de susciter chez son protecteur éventuel une impression de faiblesse corporelle. En effet, la structure même de la femme est assez grossière : avec leurs gros seins, leurs hanches larges et leurs cuisses charnues, la plupart d'entre elles ressemblent davantage aux matrones des tableaux de Picasso qu'aux mannequins délicats des pages publicitaires de nos magazines illustrés. De plus, la femme est plus résistante que l'homme : d'après les statistiques, la mortalité infantile est beaucoup plus élevée chez les garçons que chez les filles, et malgré les dommages que la menstruation, les accouchements et les périodes d'allaitement causent à son physique, la femme, dans nos pays civilisés, vit en moyenne de cinq à sept années de plus que son compagnon.

L'infériorité biologique de la femme est donc une affaire très relative : elle se manifeste au point de vue force musculaire, mais nulle part ailleurs.

Aussi faut-il que sa manipulation des instincts s'accompagne d'une exagération gigantesque de cette infériorité insignifiante, tandis qu'elle dépréciera au maximum sa supériorité dans tous les autres domaines.

Ainsi, en présence d'un homme, une femme n'entreprend jamais de porter, de soulever ou de pousser quelque chose de lourd, ce qui lui permet de manifester son unique faiblesse sous un jour favorable. La femme pleure chaque fois que l'occasion se présente : on pense automatiquement qu'elle doit avoir de bien mauvais nerfs. Quand elle se voile dans des étoffes délicates et que le truquage des fards lui confère un aspect maladif, on la croit au bord de l'effondrement physique. Il n'y a pas longtemps encore, elle ajoutait à ce jeu de scène des évanouissements simulés. Et en se montrant de préférence accompagnée d'hommes plus grands et plus âgés qu'elle, elle souligne encore cette fausse fragilité.

Tout dépend donc de l'exagération, aussi forte que possible, de cette différence de force musculaire qui existe au départ entre le protecteur et son protégé. Le mari qui assure l'entretien total de sa femme ignorera toujours à quel point elle jouit d'une résistance physique supérieure à la sienne. Lorsqu'il le comprendra, il sera déjà mort : la veuve américaine, par exemple, meurt en moyenne onze ans après le mari qui l'a nourrie à ne rien faire.

LE POUVOIR DU PLUS BÊTE

D
ans ce combat pour faire jouer à son profit l'instinct nourricier de l'homme, le plus gros avantage de la femme est pourtant son infériorité intellectuelle. La différence de force musculaire ne suffirait jamais, à elle seule, pour faire d'une femme l'objet de la protection d'un homme.

Malgré ses efforts, elle lui apparaîtrait tout au plus comme ayant autant besoin d'être protégée qu'un Indochinois par rapport à un Suédois, et ce n'est pas assez pour conférer à un être adulte les privilèges dont jouit l'enfant. Plus faible au point de vue musculature que son mari, ce n'est que lorsque la femme est également plus bête qu'elle exerce sur lui un attrait irrésistible. La femme qui veut se faire entretenir doit tout d'abord prendre garde à ne pas être intelligente. Si par hasard elle l'est, elle le dissimulera au moins aussi longtemps que l'homme n'aura pas légalisé officiellement, par acte authentique, le dessein qu'il a de l'entretenir.

Autre avantage : l'acquisition de la bêtise, contrairement à celle de l'intelligence, ne coûte pas le moindre effort. On ne devient pas bête, on le reste. D'après les dernières connaissances de la science, on considère comme prouver qu'un homme et une femme sains d'esprit - tout comme les pauvres et les riches, les Noirs et les Blancs - naissent avec des dispositions intellectuelles pour ainsi dire égales. Ces dispositions peuvent être gênées dans leur développement par un manque d'encouragement ou l'absence de toute concurrence. Si le manque d'encouragement est une conséquence de la misère - comme on le constate dans les classes les plus basses de la société -, l'absence de toute concurrence est une conséquence du luxe. Or, c'est surtout chez les femmes qu'on le constate. En fait, aujourd'hui encore, se marier signifie pour une femme être entretenue par son mari, et la plupart d'entre elles, avant d'atteindre l'âge de la puberté, ont déjà pris la décision de se marier si bien qu'elles se placent dès le départ en dehors de la lutte pour la vie : sachant qu'elles n'auront besoin de rien savoir, elles n'apprennent rien.

Sans doute, les femmes d'autrefois pouvaient cultiver cette infériorité intellectuelle plus facilement encore que celles d'aujourd'hui. La plupart des travaux extérieurs exigeaient une grande force musculaire, on vivait de la chasse, on tranchait les différends à coups d'épée et on bâtissait soi-même sa maison : on conçoit aisément qu'on envoyait alors l'homme - et non la femme - soutenir la lutte concurrentielle, ce qui l'obligeait à développer son intelligence à force d'expérience. La femme demeurait liée au foyer, avec un nombre élevé d'enfants - n'ayant aucune possibilité pratique de contrôler leur naissance, elle passait la plus grande partie de sa vie à être enceinte. Les domaines d'activité de l'homme et de la femme n'étaient guère échangeables.

Mais cette situation a changé. Dans les pays industrialisés, rares sont les travaux qui exigent une force musculaire telle qu'elle dépasse les possibilités de la femme ; les grossesses sont désormais planifiables, on peut même les supprimer, aussi la famille est-elle devenue très petite ; et depuis la mise au point des laits maternels de remplacement, les soins qu'exige le nourrisson peuvent

45

être aussi bien donnés par l'homme que par la femme. En d'autres mots : de nos jours, toute femme pourrait nourrir son mari et ses enfants -comme l'homme le fait pour ses enfants et pour sa femme - et développer dans cette lutte pour la subsistance autant de talents divers qu'exige l'égalité des deux sexes. Les deux ou trois grossesses que la femme, selon les statistiques, mène à terme, ne constitueraient pas un empêchement, car elles n'interrompraient son activité nourricière que quatre semaines, cela deux ou trois fois dans sa vie. Elles ne justifieraient même pas une exemption du service militaire : ce sont pour ainsi dire tous les domaines du travail que l'homme et la femme peuvent désormais se partager.

Donc, si une femme veut être inférieure intellectuellement pour avoir davantage besoin de protection que son partenaire, il lui faut recourir à un stratagème. Comme elle ne peut facilement demander à un homme d'aller s'asseoir chaque jour devant un bureau sous prétexte qu'il est musculairement le plus fort, elle le flatte de sorte qu'il ne puisse lui venir à l'esprit qu'elle pourrait le remplacer à sa table de travail : « Un homme véritable - enseigne une femme à son fils -assure les besoins de sa femme et de ses enfants. » Comme l'homme n'assure pas l'éducation de ses enfants, il ne peut se venger en enseignant le contraire à ses filles. Si bien que, faute d'esprit de compétition, les filles, à partir d'un certain moment, deviennent plus bêtes que les garçons.

On doit aux féministes la seule tentative faite jusqu'ici pour faire accomplir à la femme des travaux extérieurs à son foyer et par conséquent pour développer son intelligence : « Une vraie femme, disent-elles, doit se réaliser elle-même. Elle ne le peut qu'en travaillant, comme l'homme, hors de chez elle. » Mais il s'agit là d'un stratagème trop grossier pour que les femmes s'y laissent prendre. Certes, les femmes sont niaises, mais pas aussi niaises que les féministes le croient. Travailler « comme un homme » serait travailler dans le but d'assurer seule les besoins de toute la famille. Car dès qu'il y a des enfants, les deux membres du couple ne peuvent travailler simultanément : c'est soit lui, soit elle. Jusqu'à présent, les femmes ont évité avec succès que ce soit elle : depuis plus d'un demi-siècle toutes les professions leur sont ouvertes, or, on ne connaît pour ainsi dire pas de cas où une femme ait volontairement assuré, toute sa vie, l'entretien d'un mari en bonne santé et de l'ensemble de ses enfants. Aujourd'hui, une femme qui travaille le fait soit parce qu'elle n'a pas de mari, soit parce que son mari ne gagne pas suffisamment, soit pour se distraire (« pour voir des gens »). Comme elle s'engage rarement dans la véritable lutte pour la vie, son infériorité intellectuelle demeure intacte. Si la plupart des femmes qui ont une profession occupent une situation subalterne, ce n'est pas parce qu'elles sont « opprimées par l'homme », mais à cause de leur répugnance pour le travail ; elles ne veulent travailler que provisoirement et, de ce fait, commencent par négliger, totalement ou partiellement, la formation qu'elles pourraient acquérir. On ne confie pas volontiers un poste de responsabilité à quelqu'un qui considère ce poste comme un intermède entre la scolarité et le mariage. Cela vaut aussi pour celles chez qui toute activité professionnelle est un passe-temps, parce qu'elles n'ont pas besoin d'argent. Lorsque c'est le cas, on a naturellement beaucoup plus confiance en leurs collègues masculins, pour qui le travail est quelque chose de sérieux.

Et ce n'est pas la faute des hommes, mais celle de toutes les autres femmes, si celles, très rares, qui veulent vraiment travailler souffrent de cette situation. Comment un patron serait-il à l'avance qu'il se trouve en présence d'une de ces femmes exceptionnelles qui prennent leur tâche professionnelle au sérieux et qui, à la première occasion, ne laissent pas tout tomber ?

Bien que le passé soit définitivement révolu, le monopole « Seins-et-Vagin » de la femme lui permet aujourd'hui encore de choisir son niveau intellectuel : une femme est bête parce qu'elle choisit de l'être, l'homme est intelligent parce qu'il faut qu'il le soit. Si les hommes pouvaient décider de leur vie aussi librement que les femmes, ils resteraient tout aussi bêtes qu'elles. Il existe des hommes qui se trompent sur ce rapport de cause à effet et qui méprisent les femmes à cause de leur bêtise. C'est compréhensible : il leur faudrait autrement admettre qu'ils ne sont supérieurs que parce qu'ils utilisent leurs capacités, et qu'en dehors de cela, ils ne le sont pas.

Dans la manipulation à laquelle elle se livre, la femme est aidée par le fait qu'être bête n'est pas pour elle une insulte : car elle pourrait être intelligente, si elle le voulait. La preuve en est que non seulement elle n'essaie pas de dissimuler son infériorité intellectuelle, mais qu'elle s'en vante, cela naturellement dans le but de faire jouer à son profit l'instinct nourricier de l'homme. Seules les femmes dont l'échelle des valeurs est caractéristiquement virile ne peuvent supporter qu'on les tienne pour simplettes. Mais elles sont encore rares ; cette tournure d'esprit correspond en effet à une éducation faite par les deux parents, c'est-à-dire où la mère, pendant au moins une dizaine d'années, a subvenu aux besoins de son mari et de ses enfants.

Être l'objet de la protection d'un homme signifie que cet homme subvient à vos besoins. C'est donc la sécurité matérielle. Être la partenaire sexuelle d'un homme, c'est être désirée par lui. Cela signifie jouir sexuellement. Du fait que la plupart des femmes choisissent des hommes qui leur sont supérieurs, il est permis de conclure qu'elles attachent plus de prix à leur sécurité matérielle qu'à leur jouissance sexuelle, et que pour elles il est plus important d'inspirer à leur mari ce que nous avons appelé l'amour du prochain que l'amour tout court.

Ce pourrait être par hasard que les femmes fréquentent de préférence des hommes plus grands et plus forts qu'elles, car la plupart des hommes sont en effet un peu plus grands et un peu plus forts que la plupart des femmes. Ce pourrait également être par hasard que les femmes fréquentent de préférence des hommes plus instruits qu'elles, car, devant lutter pour assurer leur existence - ce qui est épargné à la presque totalité des femmes - ils savent plus de choses. Mais ce n'est pas par hasard que les femmes choisissent de préférence des hommes plus âgés. Et comment parler de hasard quand, à l'intérieur d'un couple, tous ces caractères sont toujours si nettement séparés dans le même sens : la femme est plus petite, plus faible, plus bête.

Le couple idéal, celui dans lequel l'homme est à tous points de vue supérieur à la femme, est une création de la femme. Ayant le pouvoir, les femmes ont également le choix. Comme le dit un proverbe français : « L'homme propose et la femme dispose ». En choisissant un homme supérieur à elle, la femme assure pour toujours sa sécurité matérielle. Un homme inférieur ne subviendrait pas aussi bien à ses besoins. Et si elle donnait l'impression de ne pas avoir besoin de lui, peut-être refuserait-il de faire quoi que ce soit pour elle.

Dès l'âge de la puberté, les adolescents de petite taille et débiles apprennent qu'il leur est difficile de trouver une amie. Une fois adultes, ils ont la confirmation définitive de leur infériorité. Ils doivent remporter très vite un grand succès professionnel s'ils veulent avoir à eux une femme attirante. Peut-être est-ce la raison pour laquelle on attribue aux hommes de petite taille une dose particulière d'ambition et de dynamisme ?

Les hommes d'une intelligence modeste et ceux qui échouent au point de vue professionnel n'obtiennent jamais de femme qui leur soit supérieure intellectuellement ou professionnellement. Une femme, quand elle se marie, passe toujours à l'échelon social supérieur, un homme, très souvent, descend de son échelon. Les médecins épousent des infirmières ; les femmes médecins prennent pour mari le médecin-chef, jamais un infirmier. Les directeurs épousent leur secrétaire, la femme qui occupe un poste élevé préférera demeurer seule plutôt que de se mésallier avec le planton du petit bureau de l'entrée. Une jeune fille qui travaille ne se satisfait pas du jeune homme qui occupe même un poste égal au sien. L'hôtesse de l'air épouse le pilote ou un passager homme d'affaires, jamais le garçon de bord. La jeune vendeuse élégante d'une boutique féminine n'imaginera pas, même en rêve, de « fréquenter » son homologue, le vendeur du magasin de mode masculine. « Il faut qu'un homme puisse me protéger », tel est le mot d'ordre, et il ne peut le faire qu'en étant plus grand, plus fort et plus intelligent... que si « je ressens de l'admiration pour lui ».

Les femmes jouent l'enfant quand elles s'offrent à un homme : cela devient évident quand on considère la différence d'âge moyenne dans les couples. Car bien qu'il n'y ait aucune raison pour qu'elles n'épousent pas un homme plus jeune, elles ont en moyenne quatre ans de moins que lui. Or, au point de vue biologique, c'est plutôt le contraire qui serait logique : vivant, d'après les différents pays, de cinq à sept ans plus longtemps, elles ne resteraient plus de neuf à onze ans seules si elles se liaient à des hommes plus jeunes qu'elles.

Et comme, d'après Masters et Johnson, elles demeurent capables d'orgasme pratiquement jusqu'à la fin de leur existence - tandis que l'activité sexuelle des hommes cesse entre soixante et soixante-dix ans - elles ne renonceraient plus aussi tôt à une vie sexuelle. Tout cela ne touche guère les femmes. Du fait qu'elles recherchent un père nourricier et non un amant, elles choisissent l'homme plus vieux qu'elles. Un homme de trente ans peut beaucoup mieux nourrir une fille de vingt (j'emploie ici nourrir au sens le plus large du terme) qu'un jeune bachelier. Dans le meilleur des cas, on emploiera le bachelier - en supplément du père nourricier - comme amant. Pourvu que le père nourricier n'en sache rien : il pourrait en perdre l'envie de travailler.

À quel point le rôle infantile qu'elles jouent est important pour les femmes, rien ne le prouve mieux que leur habitude de se rajeunir faussement dès qu'elles approchent la trentaine. Le cas est si courant que dans beaucoup de pays, on ne poursuit même pas une femme pour falsification de document officiel quand il s'agit de son année de naissance. Tout homme le sait : demander à une femme l'âge qu'elle a est faire preuve de mauvaises manières. De plus, ce serait stupide : elle éluderait la question ou répondrait par un mensonge. Dans les pays germaniques et anglo-saxons, de nombreuses firmes font établir une liste des anniversaires de leurs employés pour pouvoir les féliciter à chaque année de plus. Pour les employées, on ne voit sur la liste que le jour et le mois, et trois points de suspension pour l'année de naissance...

Naturellement, on peut expliquer cela d'une autre manière : une société impitoyable, disent les féministes, oblige la femme à se prêter à de telles manœuvres. Mais pourquoi la femme, et non l'homme ?

Une femme qui veut se vendre en tant qu'enfant se doit de garder une jeunesse éternelle. Lorsqu'elle se dit plus jeune qu'elle n'est et suggère ainsi aux hommes que la jeunesse est la qualité la plus précieuse qu'ait une femme, elle n'obéit nullement à une injonction impitoyable de la société ; c'est elle au contraire qui établit une discrimination impitoyable à l'encontre de toutes les femmes qui sont, ou paraissent, plus vieilles qu'elle-même, et qui constituent une partie non négligeable de la société. Mentionnons seulement en passant qu'elle confirme ainsi la réputation qu'a son sexe de manquer de sincérité. Mais cela ne la touche pas. Que les hommes tiennent les femmes pour mentalement inférieures ou toujours prêtes à tricher, leur est presque égal. Tout comme l'intelligence, la sincérité occupe une place très basse sur leur échelle des valeurs. La seule chose qui leur importe, c'est de paraître impuissantes, car l'impuissance est une qualité qui, plus que toute autre, mobilise l'instinct nourricier, protecteur, de l'homme. Car les femmes n'ont pas d'honneur, et d'ailleurs elles n'en ressentent pas le besoin.

Contrairement aux enfants véritables, qu'on protège automatiquement, les femmes sont des objets incomplets de protection. Si l'homme les protège, c'est à partir d'un point de vue plus complexe : il lui faut d'abord prendre conscience que la femme est incapable de se tirer elle-même d'affaire. Mais la femme entre dès lors en concurrence avec tous les autres objets incomplets de protection.

Orphelins, malades, vieillards, faibles d'esprit, indigents, jeunes chiots et chats errants sont des êtres qui en fait ont plus besoin de protection qu'elle. Le problème le plus important qui se pose à elle est donc de détourner l'homme de ces autres objets de protection, et de faire en sorte qu'il n'arrive à satisfaire qu'avec elle son instinct nourricier en friche.

Ce n'est pas aussi difficile que cela peut paraître au premier abord : la plupart des êtres humains, avons-nous dit, pratiquent l'altruisme contre rémunération : argent, considération sociale, moins de solitude, vie éternelle. Si en contrepartie de la protection qu'on lui accorde, la femme offre une rémunération intéressante, elle peut s'assurer l'amour du prochain qui est disponible chez l'homme. Et c'est ce qu'elle fait. De tous les objets de protection qui sont incomplets, elle est le seul à pouvoir satisfaire le second instinct social de l'homme : son instinct sexuel. Aux yeux de l'homme, cette rémunération relègue au second plan toutes les autres rétributions possibles.

LE COUPLE IDÉAL

Mais une femme qui s'offre à un homme comme objet de protection, fût-il incomplet, ne pourra jamais devenir une partenaire complète au point de vue sexuel, car pour tenir ce rôle il lui manque le niveau intellectuel. Toutefois, comme un homme rencontre rarement une partenaire sexuelle complète - une femme à l'aspect féminin mais aussi intelligente que lui - il n'a en réalité pas le choix. S'il ne veut pas se retirer les mains vides, il lui faut accepter les deux ersatz, une adulte infantile à la place d'un enfant en tant qu'objet à protéger, et un amour raisonnable à la place de l'amour sexuel. Pour avoir au moins quelque chose, il se contente d'un simulacre demi-enfant et demi-femme, puisque demi-objet de protection et demi-partenaire sexuelle. « Elle n'est certes pas l'amante de mes rêves, se dit-il, mais je peux quand même coucher avec elle, et que ferait-elle sans moi, la pauvre petite ? » Pour jouer le rôle de l'enfant, la femme ne ressemble pas assez à l'homme, mais elle lui est quand même inférieure physiquement et spirituellement. Et pour être une partenaire sexuelle authentique, elle n'est pas assez intelligente tout en étant physiquement, autant qu'il est possible, à l'opposé de lui.

En d'autres termes, l'homme préfère le rôle supposé d'un père auprès d'un être adulte qui le laisse disposer de temps à autre de son corps, plutôt que de renoncer totalement à la satisfaction de ses deux plus importants instincts sociaux. Dans l'impossibilité de trouver une femme qui serait vraiment son épouse, il se rabat sur l'une de celles que leurs parents lui offrent quotidiennement en tant qu'objet & adoption et, au cours d'une cérémonie solennelle, il s'engage à lui procurer tout le bien-être possible en lieu et place de son père charnel. Il est probable que cela ne le gênerait pas le moins du monde si le prêtre ou le maire lui demandait d'accepter « cette femme » à la place d'un enfant. L'important, c'est que la jeune fille vêtue de blanc avec son petit bouquet à la main dise rapidement oui, et l'affaire est réglée. L'homme sait parfaitement à quoi s'en tenir au sujet de l'adoption :

l'enfant reconnaît son nouveau père, désormais elle porte son nom et vit de son argent. Afin que son père adoptif ne cherche pas une véritable femme, elle jouera de temps à autre le rôle de l'amante. Avec la naissance du premier enfant, du premier objet de protection vraiment authentique, le pouvoir de l'enfant adoptif est définitivement confirmé, car le risque de perdre le père au profit d'une vraie femme devient relativement mince. Aussi renoncera-t-elle de plus en plus à ce rôle d'amante, qui lui a servi au début d'appât. Et le jour viendra où seuls les enfants qu'ils ont eus en commun leur rappelleront qu'il y eut un temps où ils ont couché ensemble.

Lorsqu'une femme préfère le rôle de l'enfant à celui de l'amante, ce premier pas entraîne obligatoirement le second : en aucun cas « l'enfant » ne doit manifester un trop grand intérêt sexuel, sinon il perd toute vraisemblance et ce sera la fin de ses privilèges en tant qu'enfant. Une femme qui veut assumer près de son mari le rôle de l'objet qu'il protège, doit absolument dominer ce qu'elle a d'instinct sexuel. Elle doit être en état d'engager sa sexualité dans un but défini, c'est-à-dire en vue d'un homme parfait en tant que père mais non en tant qu'amant qui exciterait et affolerait ses sens.

Et elle doit en cas de besoin être capable de se refuser à lui jusqu'au moment où il l'adoptera, ou du moins aurait fait connaître clairement le dessein qu'il a de l'adopter. Le considérer comme son partenaire sexuel signifierait la fin du pouvoir qu'elle exerce. Elle n'aurait plus envie d'en appeler constamment à l'instinct nourricier de cet homme - que ferait-elle d'un amant qui ne penserait qu'à l'entourer d'égards, qu'à la « respecter » ? En donnant libre cours à son instinct sexuel, elle deviendrait aussi dépendante de lui que lui d'elle.

Demeurer bête, avons-nous dit, c'est un luxe, et cela ne coûte aucun effort. Rester frigide exige au contraire une très grande maîtrise de soi : manifestement, la femme est d'avis qu'elle y trouve un avantage.

De même que l'homme et la femme viennent au monde avec les mêmes capacités spirituelles, le même instinct de conservation et le même instinct nourricier, il est sûr qu'ils naissent avec les mêmes dispositions pour mener une vie active au point de vue sexuel. Mais l'élan sexuel se conditionne : les prêtres et les religieuses en sont un exemple parfait. Toutefois, étant femmes, les religieuses commencent à s'y entraîner beaucoup plus tôt que leurs collègues masculins, aussi écarts et scandales sont-ils beaucoup plus rares chez elles que chez les prêtres.

Le reste des femmes n'ont absolument pas besoin de maîtriser complètement leur instinct sexuel.

Au contraire, une frigidité totale serait gênante : elle pourrait les engager à refuser totalement tout ce qui est sexuel, même quand il s'agirait de le troquer contre les privilèges dont jouit l'objet protégé. Avec quelle facilité ce conditionnement de l'instinct sexuel peut provoquer la frigidité, c'est ce qu'établit un sondage effectué sur plusieurs milliers d'Italiennes des diverses couches sociales et qu'on a récemment publié[1]. Interrogées sur leur attitude vis-à-vis de la sexualité, trente-six pour cent d'entre elles, entre vingt et cinquante ans, ont déclaré qu'elles n'éprouvaient aucun intérêt pour l'acte conjugal

---

[1] Doxa, Rome, 1974.

et qu'elles préféreraient y renoncer complètement. Une telle frigidité est superflue et plutôt gênante. Ce qui importe, c'est d'être plus frigide que le partenaire, car qui maîtrise le mieux son instinct sexuel exerce en fin de compte le pouvoir.

De nos jours, une frigidité partielle ne comporte aucun inconvénient. Autrefois, une femme frigide devait se relever de sa couche privée d'orgasme, aujourd'hui il faut que son partenaire compense ce manque de satisfaction. À l'ère du playboy, un homme doit tout d'abord donner l'impression d'être un bon amant, même quand il s'agit d'amener à la jouissance une femme frigide, c'est-à-dire une femme qui n'éprouve pas de désir pour lui. Il existe des quantités de manuels populaires qui lui enseignent comment s'y prendre. Bien que la femme puisse arriver à jouir avec n'importe qui au moyen d'une excitation mécanique - et même toute seule - l'homme moderne est arrivé à voir dans le succès d'une simple technique un témoignage de son pouvoir d'attraction !

On pourrait naturellement se demander si cet échange de l'amant contre le père est vraiment payant pour la femme.

Mais ce serait une question ridicule : le grand nombre de femmes qui épousent quotidiennement un homme plus âgé qu'elles, et même un homo répond d'avance à cette question. Il y a bien des pour lesquelles tant de jeunes femmes se marient avec un homme de soixante ans : ce n'est certainement pas par sexualité. Un homme de soixante qu'au point de vue physiologique, n'est plus de satisfaire les exigences sexuelles d'une de vingt ou trente ans. S'il y parvient, raison en est que l'autre partie n'a pas d'exigences, ce qui prouve que tout dépend de la femme, et non de lui.

L'idée que l'expérience sexuelle rend un homme plus attirant est très répandue parmi les hommes, et elle semble trouver une confirmation sans cesse renouvelée quand un vieux monsieur pourvu d'une bonne situation conquiert le cœur d'une jeune fille. Naturellement cette idée manque de tout fondement réel.

La preuve la plus évidente de la plus grande frigidité du sexe féminin est l'inexistence de la prostitution masculine. Les quelques bordels pour femmes qui existent depuis peu dans nos grandes villes, sont détournés de leur but : ce sont des homosexuels qui les fréquentent, faute de clientèle féminine. Évidemment cela ne veut pas dire qu'il n'y ait pas de femmes qui éprouvent pour le sexe un intérêt égal à la moyenne des hommes. Mais ces femmes trouvent partout des offres, elles n'ont pas besoin d'aller aux bordels, elles peuvent y vivre.

Les féministes prétendent bien que les femmes de la bourgeoisie ne fréquentent pas les bordels parce qu'elles se sentiraient « gênées ». Or, la femme de la bourgeoisie est celle qui depuis toujours se gêne le moins quand il s'agit de satisfaire un de ses désirs. Pensez seulement au nombre de femmes des classes moyenne et supérieure qui se promènent en manteau de fourrure, sachant pertinemment avec quelle barbarie cette fourrure a été obtenue. La grande presse revient constamment sur le massacre annuel des jeunes phoques. Le breitschwanz qu'aiment tant les femmes est de la peau d'agneau karakul arraché, au moyen d'un avortement brutal, au ventre de sa mère. Pour obtenir de quoi faire un manteau, il faut des douzaines d'avortements. Un être humain, une femme, qui a expérimenté dans son propre corps ce qu'il en est de porter un enfant et qui malgré cela se pare de peaux obtenues par une série d'avortements, se gênerait-elle vraiment pour visiter un bordel où elle satisferait le désir tout à fait naturel de jouir sexuellement ? Le croire est tout simplement une absurdité.

L'IMPUISSANCE DU PÈRE

L es enfants n'aiment pas leurs parents, ils dépendent d'eux, simplement : ils ont besoin d'eux, et il arrive souvent qu'ils éprouvent de l'affection pour eux. Quand le père et la mère s'arrangent pour donner à leur instinct nourricier l'image d'un sacrifice qui ne va pas tellement de soi, ils arrivent en plus à jouir du sentiment de culpabilité qu'ils inspirent ainsi à l'enfant et de reconnaissance. Mais il ne s'agit pas d'amour, il ne faut pas que ce soit de l'amour : si les enfants aimaient leurs parents, ce qui n'est pas le cas, la race humaine s'arrêterait, car ils voudraient toujours vivre avec eux. En général, les enfants quittent leurs parents aussi vite qu'ils le peuvent et recherchent un objet à protéger qui sera de leur propre choix. Beaucoup d'entre eux ne reviennent jamais, ou alors rarement, par sens du devoir.

En vérité, les enfants ne peuvent aimer leurs parents que quand ces derniers, vieillissant peu à peu, ne se suffisent plus à eux-mêmes. Lorsque la faiblesse physique, l'infériorité intellectuelle et la ressemblance jouent en faveur d'un vieux père, le fils adulte pourra l'aimer comme un objet de protection authentique. Quant à l'amour paternel dans un tel cas, il n'existe plus : dans la relation de protecteur à protégé, il n'y en a toujours qu'un qui aime, et c'est le protecteur. L'objet protégé accepte celui qui veut bien prendre soin de lui. Si quelqu'un d'autre lui assure un meilleur traitement, il l'acceptera également. Il n'y a chez lui aucun investissement de grands sentiments. Tout ce qu'on peut attendre de lui est une certaine loyauté. Car chez le protégé, il s'agit exclusivement de l'instinct de conservation, et cet instinct est par nature égoïste. S'il ne l'était pas et se fixait sur un autre que lui, le protégé périrait.

L'homme qui épouse une femme inférieure, qui « l'adopte », doit dès lors considérer qu'en dehors d'une certaine affection et d'une certaine reconnaissance, cette femme n'éprouve aucun sentiment pour lui. Elle se trouve en effet dans une situation encore meilleure qu'un enfant : car elle n'en est pas un et pourrait aussi bien qu'un homme subvenir à ses propres besoins. Permettre à son mari de le faire est une concession qu'elle peut à tout instant reprendre. Aussi pose-t-elle des conditions particulières : elle doit bénéficier d'un entretien de premier ordre, sinon elle s'adressera à un autre ou gagnera elle-même sa vie le cas échéant. Contrairement au véritable père, le père adoptif d'une femme n'a également aucune chance de devenir dans sa vieillesse l'objet de protection de son pseudo-enfant. Le maximum qu'il puisse espérer, c'est obtenir le statut d'un objet incomplet de protection, c'est-à-dire qu'étant vieux, s'il a de la chance, il pourra bénéficier de l'amour du prochain, de l'altruisme de la femme qu'il a entretenue.

Mais l'altruisme, nous l'avons vu, ne s'accorde que contre rémunération : pour rémunérer la femme, l'homme lui léguera ce qu'il possède ainsi qu'une rente mensuelle qu'elle encaissera sitôt son mari mort, c'est-à-dire, suivant les statistiques, pendant en moyenne six ans, sans compter les années qu'elle a de moins que lui, c'est-à-dire pendant tout le temps qu'elle lui survivra.

Si pour une fois nous faisions abstraction de la femme, nous pourrions dire qu'un protecteur qui assure les besoins de son protégé peut à tout moment faire pression sur lui. Or, ce n'est justement pas le cas. S'il le pouvait, il n'aurait jamais commencé à l'entretenir. Tout compte fait, ce n'est pas un plaisir de travailler pour d'autres que soi. L'instinct nourricier est quelque chose de si élémentaire que personne ne peut s'y soustraire.

Même les femmes n'ont pas réussi à le conditionner. Il est vrai que chez elles la satisfaction de cet instinct n'est liée à un gros effort que dans un nombre très limité de cas : même quand elle veut des enfants - l'homme a déjà sa femme pour enfant - c'est presque toujours lui qui doit subvenir aux besoins de toute la famille.

L'instinct nourricier est polyvalent, c'est-à-dire qu'un être humain peut avoir à la fois plusieurs objets qu'il protège. Lors de la naissance du premier bébé, la femme, purement et simplement, se trouve promue au rang de fille aînée de l'homme. En ayant des enfants, elle bénéficie d'un double avantage : elle satisfait son instinct nourricier et consolide simultanément la base de son entretien par l'homme. En tant que mère d'un authentique objet de protection, il faut désormais subvenir à ses besoins, même si elle est loin d'être aussi désemparée qu'il lui est nécessaire de le paraître pour bien tenir son rôle.

Le pouvoir de l'enfant sur ses parents - du plus faible au point de vue biologique sur le plus fort - est une loi de la nature. Le jeune enfant est incapable de subvenir à ses besoins : sans ce pouvoir sur les sentiments de ses parents, il mourrait de faim. Au milieu des flammes ou dans un fleuve impétueux, les parents se précipiteront, cela va de soi, pour le sauver. De même, l'homme trouve que cela va de soi que ce soit lui, et non sa femme, qui s'en aille en guerre. On le voit : l'homme qui a assumé vis-à-vis d'une femme le rôle d'un père, n'a aucun pouvoir sur elle.

Si l'homme tenait à exercer lui aussi un pouvoir sur la femme, il ne disposerait que d'un moyen : suivre l'exemple de sa partenaire, conditionner son instinct sexuel. S'il parvenait au même niveau de frigidité que la femme, elle ne pourrait plus l'appâter avec son sexe. Elle perdrait même tout pouvoir sur lui puisqu'en tant que partenaire sexuel il dépendrait aussi peu d'elle qu'elle dépend de lui. En décidant d'observer une abstinence provisoire, il pourrait, le cas échéant, parvenir à normaliser l'instinct sexuel de la femme et peut-être se faire désirer plus que ce n'est le cas. Certes, l'homme serait loin d'exercer sur sa compagne un pouvoir absolu - il ne pourrait devenir son objet de protection que dans quelques cas exceptionnels - mais il aurait fait un pas considérable vers l'égalité de fait.

Cependant, devant l'énormité de la frigidité féminine, il semble bien que les hommes capituleraient d'avance. De même, on ne peut affirmer que les femmes qui avouent ouvertement leur frigidité soient aussi réservées qu'elles le prétendent. Elles disaient jadis : « Les hommes veulent tous la même chose », voulant ainsi faire remarquer qu'elles n'attachaient à « cela » aucune importance, mais ressentaient au contraire un certain mépris. Aujourd'hui, les choses sont plus claires : dans les magazines féminins et les revues de combat féministes, on célèbre comme des stars de cinéma les savants qui prouvent qu'une femme peut avoir en un seul jour une cinquantaine d'orgasmes successifs, tandis que l'homme, en moyenne, s'arrête à cinq, et que des femmes, à quatre-vingt-dix ans, parviennent encore à avoir une jouissance sexuelle, alors que l'homme, à partir de la soixantaine, n'y parvient plus que malaisément. De telles informations jettent dans une panique folle n'importe quel être humain, homme ou femme, doté d'une libido normale : c'est comme si l'on voulait fixer au maximum ce que doit être la ration d'eau potable ou d'air respirable ! Mais les femmes y voient seulement un nouveau triomphe du principe féminin.

Aux États-Unis, il existe aujourd'hui un mouvement qui arbore sur son fanion le mot d'ordre « Séparation des sexes » : ces femmes s'encouragent mutuellement à ne plus se livrer au coït qu'elles considèrent comme humiliant. Il n'y a que des femmes pour avoir de telles idées, et ce n'est pas par hasard que Lysistrata a été du sexe féminin. Pour Lysistrata, se refuser n'était que l'aggravation provisoire d'un chantage déjà quotidien. Car pour la femme, le refus de l'activité sexuelle, surtout pour le service d'une « bonne cause », ne constitue absolument pas un sacrifice.

Devant une telle accumulation de témoignages, tout être raisonnable conçoit que, malgré les meilleures intentions, l'homme n'arrivera jamais à aller aussi loin que la moyenne des femmes dans la domination de sa libido. Du fait qu'il lui est si difficile d'accéder à la liberté totale, il accepte d'avance un manque total de liberté et ajoute, comme si cela allait de soi, son impuissance d'amant à son impuissance de père. Ne pouvant dominer sa femme, il la place sur un piédestal afin de pouvoir l'adorer sans restriction.

Certes, comme nous le verrons plus tard, il lui arrive parfois de satisfaire ses deux principaux instincts sociaux avec deux femmes différentes, répartissant ainsi sur deux êtres sa dépendance de la femme. Car même s'il s'agit de deux femmes, vis-à-vis de la femme en soi, du sexe féminin, la dépendance de l'homme demeure toujours entière.

Pour sauver ne serait-ce qu'un peu la face, l'homme a baptisé le fait qu'il se plie à la femme et que la femme se plie si rarement à lui d'un nom flatteur selon son échelle des valeurs : l'agressivité masculine.

Cette agressivité masculine consiste à proposer à la femme un rapport sexuel et d'attendre aussi longtemps qu'elle le veut sa réponse définitive : oui ou non. Les tacticiens les plus habiles augmentent le nombre de leurs chances en jouant sur plusieurs tableaux : s'ils font simultanément la même proposition à plusieurs femmes, leurs chances d'obtenir, le cas échéant, une réponse positive, s'accroissent d'autant. Les hommes qui accordent leur préférence à cette méthode sont considérés comme particulièrement « agressifs ». Quant à la véritable agressivité masculine - le viol d'une femme - il y a longtemps qu'ils se la sont interdite en la réprimant légalement.

L'enthousiasme, qui va jusqu'à l'hystérie, que les femmes manifestent pour certains hommes devenus de vrais symboles sexuels masculins, semblerait contredire ce qui précède, mais ces hommes-symboles ont tous le même caractère commun : ils sont inaccessibles aux femmes qui les désirent.

Dès lors, pourquoi ne pas laisser libre cours à sa libido : on ne court pas le risque qu'elle ait une suite négative...

L'homme accessible, lui, fera l'objet d'un examen immédiat quant à son aptitude à devenir un père adoptif, même si cette période d'essai se déroule le plus souvent sous le couvert d'une romance amoureuse. Le jeune célibataire de bonne apparence, pourvu d'une bonne situation et qui peut difficilement se soustraire à des offres d'une clarté évidente, ne s'en tire mieux qu'en apparence. Naturellement, il trouvera dans son lit un nombre plus élevé de femmes et elles s'y succéderont plus vite, mais s'il ne fait pas très rapidement une offre d'adoption, il les perd à la première occasion, c'est-à-dire à la première intervention de la concurrence. De tels hommes font une grande consommation de partenaires sexuelles, mais cela provient surtout du fait qu'aucune femme ne reste longtemps avec eux. Celles qui perdent le moins de temps sont les plus désirables, parce qu'elles ont le plus grand choix. Dès qu'elles se rendent compte qu'un homme ne les adoptera pas, elles abandonnent son lit pour se glisser entre les draps d'un protecteur qui « ne recherche pas seulement son plaisir », mais qui les « aime vraiment ».

Le « mariage sans cérémonie légale » - le « collage » comme on dit en France - est la plupart du temps une adoption, lui aussi : à la différence près que la protégée garde, au moins provisoirement, son nom de famille. Cette forme de planification familiale qui se répand de plus en plus prouve justement le pouvoir de la femme : elle a enfin compris qu'il est absolument superflu de donner une base juridique au dessein qu'a l'homme de la protéger. Au contraire : ce refus de légalisation peut renforcer le lien sentimental qui attache l'homme à sa partenaire. Le voici obligé de penser que cette femme est à l'opposé de toutes celles qu'il a connues avant elle, qu'elle est vraiment unique. Et cela va de soi que les objets de protection authentiques qui peuvent sortir de cette union porteront de toute façon son nom et qu'il subviendra ainsi aux besoins de toute cette famille « illégitime ».

L'instinct sexuel et l'instinct nourricier constituent la base de toutes les structures, de tous les rapports de pouvoir qui se fondent sur la biologie. Celui qui dépend d'un autre pour satisfaire ces deux instincts, ou un seul, l'« aime », c'est-à-dire tombe dans sa dépendance. Celui qui peut concentrer sur lui-même, à son profit, la satisfaction des instincts d'une autre personne, en « est aimé », et le « possède ». Le pouvoir consiste dans la faculté de se transformer sans contrepartie en objet de l'amour d'une autre personne.

Comme nous l'avons vu, seul le sexe féminin est capable de se transformer sans contrepartie en objet des instincts de l'homme, sans dépendre pour sa part de l'homme en ce qui concerne ses propres instincts. Pour satisfaire son instinct nourricier, la femme a ses enfants, et elle exerce un contrôle tel sur son instinct sexuel qu'elle peut demeurer indépendante de l'homme. Aussi lorsqu'on parle d'une domination d'un sexe sur l'autre, le sexe dominateur ne peut être que celui de la femme, et jamais celui de l'homme.

« La première oppression sociale est l'oppression de la femme par l'homme », a dit Friedrich Engels dans une phrase célèbre. Engels a confondu pouvoir et violence. Comme l'ont fait après lui de nombreux hommes de gauche, il a commis dans sa critique la faute de transposer dans le domaine de la lutte des sexes les structures de domination qui reposent sur la violence physique. Du fait que l'homme est musculairement plus fort et gagne par conséquent l'argent, Engels s'est imaginé que l'homme exerçait le pouvoir et que la femme le subissait. Certes, on peut très bien soumettre une classe sociale par la violence physique, mais ce n'est pas ainsi que se décide le pouvoir quand il s'agit de la domination d'un sexe sur l'autre.

Dans cette lutte, le moins fort physiquement n'est pas l'opprimé potentiel, c'est le plus fort qui l'est. L'homme qui désire une femme ne sera jamais son despote. Le despote sera la femme, puisqu'elle est désirée. Si la plupart des femmes, à cause de leur infériorité physique et spirituelle, inspirent encore plus de désir à l'homme, « la première oppression sociale » ne peut être celle de la femme par l'homme, mais celle de l'homme par la femme. D'ailleurs, en général, quand tout va mal pour une femme, c'est que ça va encore bien plus mal pour le mari.

Le pouvoir de la femme est l'infrastructure de tous les édifices sociaux, de tous les autres rapports de forces. Un système social où la domination ne repose pas sur la satisfaction de nos instincts primordiaux, ne pourra jamais être qu'une superstructure, et ses chefs ne pourront dominer que le domaine limité auquel partenaires sexuels et objets biologiques de protection n'attachent aucune valeur. Un système qui ne prend pas en considération le pouvoir du sexe le plus puissant est d'avance voué à l'échec : il demeurera sans partisans. Ce pouvoir est même la condition préalable qui permet à tous les autres systèmes de domination de fonctionner. Sans l'assentiment de la femme, le fascisme, l'impérialisme ou l'inquisition n'auraient jamais été possibles. S'ils ne dépendaient pas de la femme, les hommes ne seraient jamais devenus les instruments de pareils systèmes. Pour subir la violence d'un de ces systèmes secondaires et se voir obligé d'accepter la terreur, l'hypocrisie et la trahison, la condition préalable est qu'un être humain soit lié à un autre par ses instincts les plus primordiaux. Le pouvoir de la femme fait le jeu de la violence universelle.

Pères de l'Église, politiciens et dictateurs, tous connaissent cette loi non écrite. L'acte politique le plus important d'un despote est toujours de flatter la femme, de la flagorner. Tous les dictateurs le savent : s'ils ont pour eux la femme, l'homme automatiquement se range de leur côté. Aussi longtemps que l'Église recommandera la femme en tant qu'objet à protéger, l'homme acceptera que ses enfants soient élevés dans cette foi à des êtres invisibles, nécessaire à la perpétuation du culte.

Aussi longtemps que les politiciens promettront à la femme des facilités d'ordre social, ils pourront en toute conscience ne rien changer au service militaire ni aux retraites des hommes. Aussi longtemps que les dictateurs renonceront à des armées de femmes, ils n'éprouveront aucune difficulté à envoyer leurs jeunes hommes à la guerre.

L'Église n'est devenue vraiment puissante qu'après avoir déclaré, avec le culte de la Vierge, que la femme était digne d'être adorée, et sa domination est demeurée intacte dans les pays où ce culte marial subsiste dans toute son intégrité. Le Christ avait négligé de se lier aux femmes ; n'a-t-il pas dit un jour à sa mère : « Femme, qu'y a-t-il de commun entre toi et moi ? » Et saint Paul le misogyne n'a pas eu de chance lui non plus. Ce n'est qu'en institutionnalisant le statut de la femme, objet qu'il faut protéger, que le christianisme s'est assuré une quantité toujours croissante d'adhérents.

Aussi est-il possible que les grands révolutionnaires sociaux aient adopté, pour des raisons tactiques et contre leur conviction intime, le mythe de la « femme opprimée ». Nous avons dit plus haut qu'Engels avait confondu pouvoir et violence : peut-être est-ce le contraire ? Peut-être a-t-il reconnu tout le pouvoir de la femme et l'a-t-il sciemment incorporé à son système pour en faciliter le triomphe ? Il serait extraordinaire que des hommes comme Marx, Engels, Lénine et Mao, qui connaissaient comme personne, à fond, le milieu prolétaire, aient cru sérieusement que le sort d'une femme d'ouvrier était pire que celui de son mari ; qu'ils n'aient pas su que cette femme, malgré la misère et le nombre exagéré de ses enfants, n'en avait pas moins la meilleure part dans l'existence inhumaine des travailleurs du début de l'industrialisation. Puisque ces révolutionnaires, avec tant d'autres, voulaient effectivement améliorer le sort du prolétariat, il ne leur restait qu'une solution : s'allier aux femmes prolétaires et leur faire croire que la lutte qu'ils menaient les concernaient, elles, tout d'abord. Tactique sage et légitime, mais quelle confusion n'a-t-elle pas jetée sous le crâne de leurs épigones !

Adolf Hitler lui aussi a recouru, bien que sous d'autres signes, à la même tactique. Sans le soutien de la « Femme allemande », mythe qu'il avait créé de toutes pièces, jamais le chemin du pouvoir ne se serait ouvert à lui, jamais le bain de sang qui a suivi n'eût été possible. Du fait que les hommes ne détenaient pas le véritable pouvoir, il a pu ouvertement proposer et faire approuver son programme de gouvernement : la guerre contre ses voisins et la persécution raciale. Comme on le sait, ce sont les femmes qui l'ont applaudi avec le plus d'enthousiasme. Ce qui ne veut pas dire que la femme aime la guerre plus que l'homme - après tout, qui donc est pour la guerre ? - mais il est certain qu'elle a moins de raisons de la désapprouver. Comme on n'envoie pas les femmes au front, elles ont jusqu'ici couru beaucoup moins de risques, et étant moins capables d'abstraction, elles ne se représentent pas très bien ce qu'est la mort. Et on ne pouvait pas prévoir en 1939 qu'un gouvernement démocratique comme celui de l'Angleterre bombarderait des civils sans défense, tuant ainsi plus d'un demi-million de femmes et d'enfants. (Ces bombardements nocturnes de villes n'ont servi à rien, comme on l'a constaté par la suite :

C'est l'anéantissement systématique des installations industrielles qui a amené la fin de la guerre.) Mais ces bombardiers anglais étaient pilotés par des hommes, et c'est vraisemblablement la raison pour laquelle les Anglaises n'y ont pas attaché d'importance. Au pays des suffragettes, les femmes ont bien lutté pour le droit de suffrage, mais non pour risquer leur peau en cas de guerre. Pourtant, dans tous les pays où votent les femmes, s'il y a un conflit sanglant, elles sont nominalement autant responsables que les hommes. Or, au lieu de reconnaître leur complicité, elles prétendent être pacifistes. Dans l'Allemagne d'après-guerre, on n'a poursuivi aucune de celles qui ont vécu grassement pendant des années grâce à la solde d'un gardien de camp de concentration.

En dehors des toutes jeunes filles qui s'engagent dans les mouvements de lutte des extrémistes, la masse des femmes n'a jusqu'ici couru aucun risque essentiel. Même les soldates de l'armée israélienne, dans les deux guerres des Six Jours et du Yom Kippour, n'ont servi que dans les unités de ravitaillement. Là où il y a des coups de feu, on trouve toujours des hommes. Si c'est le plus fort qui désigne celui qui doit mourir, le plus fort, c'est la femme.

La femme nous apparaît comme une sorte de procédé breveté pour satisfaire les chimères des hommes. Au premier abord, elle semble en effet capable de concentrer sur elle deux de nos trois instincts fondamentaux : l'instinct sexuel et l'instinct nourricier. Impression trompeuse, s'il en est : car vouloir protéger un être humain et le désirer sexuellement sont deux attitudes fondamentales, à tel points différents qu'elles ne peuvent avoir longtemps pour objet, sauf avec une difficulté extrême, une seule et même personne. Protéger, c'est vouloir donner ; désirer, c'est vouloir prendre. Et donner est bien le contraire de prendre...

Pourtant, l'homme, avec la ténacité d'un Sisyphe, essaie de satisfaire ses deux instincts sur une seule et même personne. Il fait preuve d'autant de bonne volonté qu'il est possible d'en montrer. Du fait que son dessein est dès le début voué à l'échec, le plus souvent, ses efforts sont vains. Il commence par s'accuser, puis finit par croire que la responsabilité de l'échec incombe à sa partenaire. Il tente l'expérience avec une autre et revient ainsi à son point de départ. Avec le même résultat.

Ce jeu dure jusqu'au moment où faiblit son instinct sexuel tandis que peu à peu son instinct nourricier prend le dessus. Entre cinquante et soixante ans, l'homme se résigne finalement à son rôle de père et ne rêve qu'accidentellement à une maîtresse éventuelle. Il trouve peut-être une femme avec qui il veut vieillir - la « vraie », la « femme de sa vie » - ou, s'il a déjà une famille, il retourne dans son giron et devient un homme « sérieux ». À l'entendre, le voici enfin maître de lui-même comme de sa femme. En réalité, son instinct sexuel est tout simplement en voie de disparition.

Cette situation schizophrénique est due au fait que la femme s'offre presque toujours à l'homme sous un double rôle que l'homme, la plupart du temps, accepte de bon gré. Elle est responsable d'une succession infinie de malentendus entre les deux sexes. Et naturellement, elle a des conséquences catastrophiques sur la morale sexuelle de l'homme. Elle est la cause des perversions et des tabous que nous rassemblerons ici sous le terme de « syndrome paternel ». Ses caractéristiques les plus importantes sont l'inceste, la polygamie et la pruderie.

Chez beaucoup d'hommes, ces trois symptômes se manifestent simultanément ; chez certains, successivement, et il en est chez qui un seul symptôme est évident, les deux autres demeurant à l'état latent. Mais seuls sont vraiment immunisés les hommes qui, par principe, ne s'intéressent pas aux femmes : vieillards, homosexuels, adultes à faible libido. Dans les chapitres qui suivent, nous traiterons en détail de chacun de ces symptômes.

Les hommes qui, dans le choix de leur partenaire, concèdent une place particulièrement grande à leur instinct nourricier et recherchent une femme aux caractéristiques tout à fait enfantines, c'est-à-dire plus jeune, plus bête, plus petite, plus faible, se voient obligés de satisfaire également leur instinct sexuel en utilisant ce protégé. Cela signifie qu'ils couchent avec un être humain qu'ils considèrent en réalité comme leur enfant, et que par conséquent ils commettent un inceste.

À vrai dire, cet inceste, chez eux, demeure inconscient. Il est d'ailleurs difficilement concevable qu'un homme qui vit avec une femme obéisse surtout à son instinct nourricier : ce qui saute aux yeux, c'est leur lien sexuel. Cependant, tous les sentiments altruistes qu'il lui voue - le désir de la protéger, de la défendre, de travailler et de combattre pour elle - sont ceux d'un père pour son enfant et non ceux d'un amoureux pour sa femme.

Au moment de « l'adoption », un homme, bien sûr, peut péniblement distinguer ses sentiments de père de ceux d'amant. S'il a de la chance, il se sent un amant et non un protecteur. Lorsqu'il ressent pour la première fois un sentiment pour une femme, il la compare aux autres et a pleinement conscience qu'elle est totalement différente : ce ne sont pas ses amours précédentes qui lui avaient jamais inspiré un tel désir de sacrifice. C'est pour lui la preuve que c'est là l'amour authentique, le grand amour qu'il a si longtemps attendu. Cette femme est pour lui « la femme qu'on épouse », par opposition aux autres avec lesquelles il n'a fait que « coucher ». Ce ne sera que beaucoup plus tard, quand il sera devenu vraiment père, qu'il pourra s'y reconnaître dans ses sentiments et se rendre compte qu'il ressent pour son enfant à peu près la même chose que pour sa femme. S'il est honnête, il s'avouera qu'il l'a épousée moins pour ses qualités de partenaire sexuelle qu'en tant qu'objet à protéger.

Mais d'autre part, sans la tentation du sexe, il ne se serait pas marié avec elle.

L'homme qui a épousé une femme-enfant se rend compte que tout ne va pas aussi bien que cela devrait aller, mais il lui est difficile de distinguer ce qui ne va pas. Il lui semble que, chaque fois qu'il fait l'amour avec cette femme, il exige d'elle quelque chose d'incongru, auquel il n'a pas vraiment droit. Il voudrait lui épargner cet acte, mais comme d'autre part il n'a aucune raison de la ménager de la sorte et ne s'y résout pas, il a chaque fois plus ou moins mauvaise conscience. Elle lui rend un énorme service pour lequel il lui faudra aussi vite que possible montrer sa reconnaissance.

Jadis, quand les femmes se mariaient plus tôt qu'aujourd'hui et que la différence d'âge entre les deux partenaires était encore plus grande, le rapport de l'adoption et de l'inceste était particulièrement évident : aussitôt après la cérémonie, l'époux devait presque brutaliser sa protégée. Grâce à la nouvelle morale sexuelle, les hommes d'à présent ont au moins l'occasion de s'habituer peu à peu à la situation. Le mariage est de moins en moins le préliminaire de l'inceste et de plus en plus sa consécration.

Père malgré lui, l'homme n'a d'autre solution que de forcer cette barrière de l'inceste qui le sépare de sa « femme ». Puisqu'elle n'est pas vraiment son enfant, mais une pseudo-fillette, la chose devient dans un certain sens plus facile du fait qu'il ne s'agira pas non plus d'un inceste authentique.

Toutefois, on ne peut manipuler ainsi ses instincts sans conséquences. Les praticiens de la psychanalyse ont montré que de nombreux hommes conjurent leur inhibition devant l'inceste véritable en s'approchant, du moins dans leurs rêves, du fruit défendu. D'après les thérapeutes, il est courant qu'un père se laisse aller à son imagination sexuelle en rêvant à sa fille. La psychanalyse, qui autrement est toujours prête à voir partout des complexes, n'a même pas tenté de libérer un patient de ce genre de représentations oniriques. Dans ce cas précis, le seul souci du psychanalyste est d'éliminer le sentiment de culpabilité que le patient pourrait tirer de ses rêves : il ne se lasse jamais de lui assurer qu'il n'y a là rien de plus « normal ».

Et c'est normal. C'est ce que confirment chaque fois les chiffres concernant les véritables incestes, c'est-à-dire les rapports sexuels entre parents du premier et du second degré, car les rapports père-fille sont de loin les plus nombreux. Une enquête récente faite sous les auspices du gouvernement suédois sur les cas d'inceste qui ont eu lieu en Suède au cours des vingt dernières années nous fournit les renseignements statistiques suivants : soixante pour cent des relations incestueuses ont lieu entre père et fille, vingt pour cent entre frère et sœur, et un pour cent seulement entre mère et fils. Les dix-neuf pour cent restants concernent les rapports sexuels entre un homme et sa petite-fille ou sa nièce.

L'homme qui cherche à concentrer sur une seule et même femme son instinct nourricier et son instinct sexuel et qui de plus tombe sur une partenaire extrêmement enfantine se trouve dans une situation particulièrement schizophrénique. Rien d'extraordinaire à ce que son comportement à l'égard de l'élue devienne souvent excentrique : tantôt il la glorifie, tantôt il la maudit ; tantôt il la tyrannise, tantôt il est à son service ; tantôt il la maltraite, tantôt il voudrait mourir pour elle. Du fait qu'instinct nourricier et instinct sexuel sont incompatibles, cet homme n'a d'autre possibilité que de passer d'un extrême à l'autre.

Les hommes les plus sensibles cherchent donc aussitôt que possible à sortir de cette relation incestueuse et se réfugient dans la polygamie ou la pruderie. D'autres, moins sensibles, demeurent dans l'inceste. Et peu à peu, le plaisir que leur donne le fruit défendu commence à faire partie intégrante de leur comportement sexuel. Cette nécessité dont il leur faut bien, au début, faire vertu, devient très vite un besoin et une perversion en règle. Une fois habitués à tirer leur plaisir sexuel des « petites filles », ces hommes trouvent tout rapport sexuel normal - avec des « femmes » - absolument ennuyeux. On peut supposer que ceux qui fréquentent des femmes particulièrement enfantines - d'abord pour satisfaire uniquement leur instinct nourricier - éprouvent les difficultés les plus grandes.

Vraisemblablement, ce sont eux qui, devenus vieux, fréquentent les bordels où ils exigent des mineures : ce qui est devenu le plus important pour eux dans toute leur activité sexuelle, c'est d'enfreindre le tabou.

LES CAUSES DE LA POLYGAMIE MASCULINE

L ié à une femme qui fait l'enfant, l'homme se soustraira autant que possible à la folie qu'est la monogamie pour rechercher la paix de son âme dans la fréquentation de plusieurs femmes. Il répartira son amour : il reportera son instinct nourricier sur sa femme et son instinct sexuel sur les autres, tour à tour donneur et preneur, protecteur et provocateur, plein d'égards et délivré de tout égard.

L'origine de la polygamie masculine est claire : l'homme veut trouver chez la femme la satisfaction de deux instincts différents : reproduction et instinct nourricier. D'où l'impression qu'il peut aimer deux femmes. En réalité il n'en aime toujours qu'une à la fois, l'autre objet de son amour étant son enfant. Chez la femme une telle confusion sentimentale est presque impossible, car pour satisfaire chacun de ses instincts, elle a recours à deux types d'être extrêmement différenciés : pour les soins nourriciers, elle a ses enfants, et sexuellement, en cas de besoin, l'homme. Aussi la femme passe-t-elle pour monogame et l'homme pour polygame. La plupart des hommes semblent toutefois demeurer inconscients de la raison profonde de leur polygamie. Un homme, disent-ils, a besoin de plusieurs femmes, la femme se contentant apparemment d'un seul homme. Comme l'homme a des rapports sexuels aussi bien avec l'objet qu'il protège qu'avec sa compagne sexuelle - ils sont certes plus nombreux avec cette dernière - il recherche les raisons de sa polygamie dans une particularité de sa sexualité masculine, alors qu'elle ne diffère qu'en principe de celle de la femme.

Dans les mariages fondés sur l'adoption de la femme par l'homme, le début de l'époque polygame de l'époux se signale en général par la naissance du premier enfant. Même chez les plus paternels des maris, cette naissance remplit tous les besoins de leur instinct nourricier, et dès lors l'instinct sexuel commence à donner de la voix.

Jusqu'au jour où le désir qu'a l'homme d'une partenaire sexuelle devient si puissant qu'il fait taire ses scrupules car naturellement il veut épargner toute peine à sa protégée et il hésite avant de sauter le pas. Bref, il prend une maîtresse. Ayant la femme « avec laquelle on se marie », il lui faut de nouveau celle « avec qui l'on couche ».

Ce pas lui est d'autant plus léger à prendre que sa femme-enfant, après la naissance de son premier objet de protection, ne déploie plus beaucoup d'énergie à jouer le rôle de partenaire sexuelle.

Même une femme dont la libido est normale n'éprouve alors que peu de désir pour celui qu'elle a choisi aussi comme substitut de son père, beaucoup ressentent même une aversion marquée pour tout rapport sexuel avec lui (voir la statistique italienne mentionnée plus haut). Au début, elle avait assumé le rôle de compagne sexuelle dans le but surtout de l'appâter, d'être adoptée par lui avec, pour conséquence, l'élevage d'un ou plusieurs enfants Une fois ce but atteint, le centre de gravité de sa situation se déplace vers l'objet de protection, les requêtes de l'homme diminuent de plus en plus, tout suit la pente du moindre effort et de la moindre résistance. En fait, la femme ne redevient sexuelle qu'en période de crise, par exemple quand son privilège d'objet protégé est menacé par une autre femme et qu'elle craint que son protecteur ne l'abandonne. A bien prendre, une femme qui a des enfants n'a même plus besoin de jouer le rôle d'objet à protéger, ses enfants le jouent pour elle, et ils le font de façon beaucoup plus convaincante qu'elle n'arrivera jamais à le faire. L'homme qui veut protéger ses enfants doit également protéger leur mère, parce qu'elle leur est indispensable : « J'aime ma femme et mes enfants », déclare le père de famille comme s'il s'agissait du même sentiment. Et en effet, pour lui, c'est le même.

Ainsi, la polygamie apparaît à l'homme lié à une femme adoptée, non pas comme la meilleure des solutions, mais comme la seule issue possible. Pourtant, tous les hommes ne sont pas polygames. Et cela pour une raison qui saute aux yeux : dans le monde où nous vivons, l'homme ne reçoit rien qui soit gratuit, qu'il s'agisse pour lui de satisfaire son instinct nourricier ou son instinct sexuel. Par conséquent, s'il veut passer du désir à l'acte et devenir polygame, il lui faut pouvoir « nourrir » plusieurs femmes, ce dont il est incapable la plupart du temps. La polygamie présuppose toujours une distribution injuste des fortunes et des revenus. Elle est le reflet, dans un pays donné, de la légitimisation de l'injustice sociale. Du fait que l'homme doit payer ses femmes, il a beaucoup de femmes s'il a beaucoup d'argent, et très peu s'il n'en a pas. Dans les États socialistes, l'homme, en ce qui concerne la réalisation de ses désirs sexuels, se trouve dans une situation particulièrement malencontreuse : car plus la fortune d'un peuple est répartie également, équitablement, et moins l'homme a de possibilités d'être polygame. Dans nos pays industrialisés de l'Occident, le nombre des femmes étant à peu de chose près équivalent à celui des hommes, et chacun de ces hommes ayant une femme à nourrir (sans compter ses enfants), la maîtresse fixe est devenue un privilège de P.D.G. Quant aux pays occidentaux en voie de développement, ils constituent un terrain particulièrement favorable à la pratique de la polygamie. En Amérique latine, la bigamie est pratiquement une institution : un Mexicain à son aise entretient deux maisons, la « casa grande » où vit son épouse légitime, et la « casa chica » où habite sa maîtresse. Naturellement, cet arrangement ne dure que le temps où il est capable d'assurer la subsistance de l'une et de l'autre.

Ainsi, la polygamie de l'homme dépend totalement de sa situation économique. On peut dire que les hommes riches ne sont pas plus polygames, mais plus riches, et que les hommes pauvres ne sont pas plus monogames, mais plus pauvres.

Il faut donc établir une distinction entre les formes que peut prendre la polygamie : simultanée, successive, sporadique et symbolique. Un homme choisit finalement l'une d'elles suivant la fortune dont il dispose, c'est-à-dire suivant sa capacité de réaliser ses désirs. Simultanée ou successive, la polygamie est celle des riches ; sporadique ou symbolique celle des pauvres.

POLYGAMIE SIMULTANÉE

La polygamie simultanée est la vraie polygamie : l'homme possède plusieurs femmes et désire les garder toutes pour lui seul. La polygamie successive s'étage dans le temps : l'homme a deux femmes, mais se débarrasse de l'une avant de se charger de l'autre. La polygamie sporadique est occasionnelle, comme son nom l'indique ; dans la polygamie symbolique, l'homme satisfait son instinct sexuel sans compagne. Un homme fortuné se décidera pour la polygamie simultanée ou successive et n'accordera généralement aucune valeur à la polygamie sporadique ou symbolique.

C'est chez le polygame simultané - l'homme qui a en même temps épouse et maîtresse - que se manifeste le plus clairement l'abîme qui sépare l'objet protégé de l'objet sexuel. Le protecteur ne quitte pas l'objet qu'il protège, il assure même ses besoins mieux qu'auparavant, mais dès le début de sa période polygame, tout rapport sexuel avec l'objet protégé devient une farce. Il est à supposer que l'homme qui a trouvé une vraie partenaire sexuelle préférerait de beaucoup ne plus avoir aucun rapport de ce genre avec l'objet de sa protection. Pour lui éviter toute peine - ce qui fait partie de son rôle de protecteur - il s'y résout malgré tout de temps à autre, mais aussi directement, aussi simplement que possible. Il réserve désormais à l'autre toutes les nuances de son érotisme. Malgré cette hypocrisie, malgré l'angoisse d'être découvert et l'augmentation de ses charges financières, le polygame simultané - celui qui peut satisfaire à la fois son instinct sexuel et son instinct nourricier sur deux objets différents -paraît plus détendu qu'à l'époque où il était monogame. Il considère ce sentiment de plénitude comme la preuve de l'existence, chez tous les hommes, d'une prédisposition à la polygamie.

Mais il se passe alors quelque chose de curieux : au lieu de s'avouer son nouvel amour, il continue à employer ce mot pour définir le sentiment qu'il éprouve pour son épouse, pour l'objet de sa protection. Et, au contraire, il prétend qu'il est seulement la proie d'une sorte « d'ivresse », d'une « possession provisoire », de la part de sa « maîtresse », d'où d'ailleurs ce terme français. Il parle de ses rapports avec elle - de ses sentiments envers la femme qui est en fin de compte sa véritable femme - comme de quelque chose d'inférieur, parfois même de détestable. Il a l'impression d'être « tombé » dans la débauche ; cette femme, pense-t-il, en appelle « à ses instincts les plus bas ». Si son épouse lui fait un jour des reproches, il lui déclare qu'il ne la comprend pas : car avec l'autre, ce n'est qu'une « affaire sexuelle » qui n'a absolument rien à voir avec l'amour.

L'explication d'un tel comportement est très simple. La distinction qu'un homme fait entre l'objet qu'il protège et sa partenaire sexuelle est tout à fait arbitraire. Naturellement, sa maîtresse s'est offerte à lui en tant qu'objet sexuel puisque c'est ainsi qu'elle avait d'abord les meilleures chances de l'attirer, l'instinct nourricier de l'homme étant suffisamment satisfait par l'épouse et ses enfants. Mais en fait, sa maîtresse n'est qu'une femme comme la plupart des autres : demi-objet de protection, demi-objet sexuel ; demi-enfant, demi-vamp ; et douée de la faculté de montrer la face qui lui vaudra le plus d'avantages. Fréquemment, elle ressemble même à l'épouse de façon marquée :

Beaucoup d'hommes sont sensibles à un certain « type » féminin, toujours le même. Et comme la nouvelle venue n'est pas seulement plus belle que la femme légitime, mais très souvent plus jeune et également plus bête, elle constitue le piège parfait : à tout instant elle a la possibilité de se transformer, sans crier gare, d'objet sexuel en objet protégé. Au lieu de la maîtresse à laquelle il rêvait, le polygame simultané a alors sur le dos une seconde affaire aux conséquences sociales : avec sa nouvelle protégée, il fondera une nouvelle famille, élèvera d'autres enfants, et si par hasard il prend une nouvelle maîtresse, ce sera pour tomber dans un dilemme encore plus pénible qu'auparavant. Car une fois de plus, son instinct sexuel, autour duquel gravite toute cette manœuvre, sera plus ou moins satisfait, tandis qu'il n'a en fait causé aucun tort à sa femme légitime, qu'il veut toujours protéger.

La tâche la plus importante d'un homme chargé de deux femmes consiste à éviter ce type de complications en protégeant aussi totalement que possible la première de ces femmes contre sa nouvelle compagne sexuelle. Suivant l'exemple des autres polygames, il se soumet dans ce but à une sorte de lavage de cerveau : pour ne jamais céder à la tentation d'accorder à son nouvel amour le statut qu'il aimerait lui assurer, il désavouera tout de suite les sentiments qu'il ressent pour elle en les dégradant, en les disqualifiant. Pour se défendre d'aimer sa maîtresse, il transforme son besoin irrésistible d'être aussi près d'elle que possible, d'entrer en elle, de la caresser sans cesse et de vouloir sans cesse être touché par elle, en quelque chose d'inférieur, de bas, de primitif, de méprisable et de vil, en quelque chose qu'il appellera : « purement sexuel ».

Parallèlement à cette dépréciation du partenaire sexuel se produit une surestimation de l'objet protégé.

Ce besoin de l'instinct nourricier - qui en fait n'a rien à voir avec les rapports de l'homme et de la femme puisqu'on le ressent envers les enfants, les vieillards et les malades - prend une valeur supérieure (qu'il n'a pas et ne pourra jamais avoir), celle du « véritable » amour entre l'homme et la femme. En tant que « mère de mes enfants », la femme-enfant adoptée devient de plus en plus celle qui est « pure », celle qui est « importante », le « sens de ma vie », tandis que la maîtresse se transforme exactement en son contraire.

Les rapports de l'homme marié avec sa partenaire sexuelle deviennent quelque chose de « public » : à tout moment il est prêt à en parler à ses amis, parfois même il les oblige à écouter des informations précises, par exemple le nombre de fois qu'il fait l'amour avec elle. Quant à ses relations sexuelles avec son objet de protection - en admettant qu'il en ait encore - elles demeurent tabou. S'il apprend qu'un autre homme parle de l'objet qu'il protège comme d'une partenaire sexuelle et, selon ses propres termes, porte ainsi atteinte à l'honneur de sa femme, il lui en demande immédiatement raison. Dans ce cas, il ira jusqu'à considérer la sexualité comme quelque chose d'ignoble en principe. Il n'y a pas si longtemps, pour protéger la réputation de sa femme, avec laquelle il ne couchait que par devoir, un homme se battait encore en duel, et pour invraisemblable que cela paraisse, y laissait même la vie.

L'épouse adoptée, qui profite de toutes ces manipulations de concepts, ce dont finalement elle se félicite, demeure à l'écart de tout sans jamais en être touchée : en ce qui la concerne, elle ne confond jamais sexualité et instinct nourricier. Si une épouse trompée prend à son tour un amant, il ne lui viendra jamais à l'esprit que le sentiment qu'elle ressent n'est pas de l'amour. Et comme seul un nombre infime de femmes voient en l'homme un objet de protection - à moins qu'il ne s'agisse de malades ou d'intellectuels qui éveillent l'instinct maternel de leur compagne - la femme ne tentera jamais de se persuader que son instinct nourricier est de l'amour ni de voir dans son amour un signe de folie. Pour une femme, l'amour est la satisfaction de son instinct sexuel, et la satisfaction de son instinct sexuel est de l'amour. Elle n'éprouve aucun besoin d'évaluer ce qu'elle ressent, et c'est de très bonne conscience qu'elle appelle « amour » ce qui est sexe, sans imiter son mari pour qui ce qu'il ressent est « seulement sexuel ». Naturellement, elle gardera le secret à son égard : officiellement, tout amour demeure pour elle amour du prochain, pur altruisme.

POLYGAMIE SUCCESSIVE

Tout comme dans le cas précédent (celui de la polygamie simultanée), le polygame a ici deux femmes. Mais à la différence près qu'il considère la polygamie comme une charge coûteuse et qu'il attend la première occasion pour se débarrasser de l'une des deux, la plupart du temps de la plus vieille. Tandis que le polygame simultané est, pour autant qu'il le puisse, toujours polygame, chez le polygame successif, polygamie et monogamie alternent par phases, le rythme de ces changements variant en rapport direct avec la fortune qu'il peut leur consacrer.

Selon qu'un homme accorde plus de valeur à la satisfaction de son instinct nourricier ou à celle de son instinct sexuel, il existe deux catégories de polygames successifs :

1.   Le polygame qui recherche toujours un nouvel objet à protéger, ou l'éternel papa ;

2.   Le polygame qui recherche une nouvelle compagne sexuelle, ou l'éternel célibataire.

L'éternel papa représente sans aucun doute la catégorie la plus fournie. Il s'agit de l'homme pour qui l'instinct nourricier compte plus que l'instinct sexuel, et qui, par conséquent, en choisissant une partenaire, exige en premier lieu qu'elle ait, autant que possible, l'aspect d'un enfant. Du fait qu'une femme, passé vingt-cinq ans ou au plus tard après la trentaine, ne donne guère plus cette impression, le polygame successif recherche une nouvelle femme au moins une fois tous les dix ans. Et ce n'est pas seulement le nombre des « femmes-enfants » qu'il adoptera ainsi qui sera en rapport direct avec sa fortune, mais aussi leur type physique. Le nouveau riche recherche de préférence une « enfant » en bonne santé, le type de la campagnarde ; l'homme de la bonne société ou le bel esprit collectionnera la variante maladive : le type « mannequin ». Le facteur toujours déterminant, c'est que sa petite protégée lui donne l'impression d'avoir vraiment besoin d'aide. S'il la suppose capable de se tirer d'affaire sans lui, son instinct nourricier ne joue plus. Quand, les années passant, elle prendra l'aspect adulte, il la remplacera par une autre. La période pendant laquelle ce type d'homme recherchera un nouvel objet à protéger doit être considérée comme sa phase polygame. D'une certaine manière, cette phase, chez le polygame successif, correspond à la grossesse chez la femme.

Cette comédie que joue la femme d'être l'enfant de l'homme est la profession féminine la mieux payée au monde : l'éternel papa, par définition, recommencera donc à scruter l'horizon peu de temps après avoir adopté sa « femme-enfant » à condition qu'il soit vraiment fortuné ou occupe un poste qui lui rapporte assez d'argent. Dès qu'il découvre une nouvelle « enfant » et dès qu'il est sûr qu'elle aussi a besoin de lui, il dote généreusement celle qu'il considère comme sa fille devenue adulte, le plus souvent en lui faisant don de la maison où ils vivaient ensemble, plus une pension alimentaire tant qu'elle ne se sera pas remariée (dans les pays très évolués, cette pension a pris un nouveau nom : aide temporaire de formation professionnelle). Puis il se consacre de toutes ses forces à la nouvelle femme-enfant.

Naturellement, il ne promènera pas son bébé en landau, mais en Lincoln ou en Mercedes, il ne le présentera pas à l'admiration des voisines, mais à celle de ses collègues et de ses amis. Cependant, le tableau est bien le même. Naturellement, personne ne lui demandera si son bébé peut déjà parler ou s'il va bientôt avoir ses premières dents de lait, mais on lui confirmera en tout cas, aimablement, que « la petite » est si « mignonne ». Et il en tirera autant de fierté qu'un père ou une mère. Certes, elle est mignonne, répondra-t-il, mais elle a aussi son caractère, croyez-moi, et à certains moments elle est complètement déchaînée au lit sous-entendu.

Comme il existe des « éternels papas » non seulement parmi les hommes très riches mais parmi les simples bourgeois, il y a une variante bourgeoise de cette polygamie successive fondée sur l'instinct nourricier. Le bourgeois n'est évidemment pas assez riche pour rechercher constamment un nouvel objet à protéger. Mais après vingt ou trente ans d'activité professionnelle soutenue, il s'est constitué le plus souvent une petite fortune qu'il investit assez fréquemment dans une seconde adoption. Dans la bouche du bon peuple, cela s'appelle « entrer dans son second printemps » ! D'après son compte en banque et l'âge de l'épouse, on peut calculer exactement le moment où se produira ce phénomène naturel.

Pour l'éternel papa, riche ou simple bourgeois, il ne s'agit pas en premier lieu de sexualité.

Contrairement au polygame simultané, le polygame successif change de femme pour satisfaire non pas son instinct sexuel, mais son instinct nourricier.

Certes, sa première femme est devenue trop vieille, non en tant que femme, mais en tant qu'enfant. Aussi la règle est-elle dans ce cas le divorce suivi du remariage, c'est-à-dire exactement ce que le polygame simultané cherche de toutes ses forces à éviter. Aussi le polygame successif ne déprécie-t-il pas la remplaçante ; au contraire, sa nouvelle femme est toujours le grand amour de sa vie ; c'est la précédente qu'il dévalorise. Comme il voit la femme qu'il vient de découvrir non pas comme une partenaire sexuelle mais comme un objet de protection, il lui proposera le

type de soutien le plus étendu qu'il puisse lui donner :
celui de l'adoption légale.

Contrairement à l'éternel célibataire, l'éternel papa ne
redoute aucunement l'impuissance sexuelle. Il ne dira
pas : « Voyez donc, j'ai encore assez de puissance
sexuelle pour satisfaire même une toute jeune », mais :
« Je suis encore capable d'inspirer confiance à cette enfant
innocente. » L'éternel papa sait par expérience qu'il ne
pourra avoir à lui qu'une femme plus ou moins frigide ;
tout autre ne se commettra qu'exceptionnellement avec un
homme qui a de vingt à trente ans de plus qu'elle.

On pourrait objecter que la femme qui s'offre à un homme
comme objet de protection porte en elle une bombe à
retardement, car un jour ou l'autre l'homme
l'abandonnera pour rechercher une femme plus jeune
qu'elle. Mais il n'y a pas, à proprement parler, péril en la
demeure : quoi qu'il en soit, ce rôle lui semble plus
supportable que celui d'une vraie partenaire sexuelle.
Quand un homme épouse une femme plus jeune, il est
automatiquement sous-entendu qu'il doit également
assurer les besoins de l'épouse plus âgée : autrement, la

plus jeune ne le prendrait pas au sérieux. L'homme lui-même a créé toute une législation qui l'oblige à assurer, de façon convenable, l'existence de ses épouses précédentes. Au cas où aucun autre homme ne se présente pour assumer la subsistance de celle dont le terme est venu à échéance, il devra l'entretenir le reste de sa vie. La plupart du temps, ce n'est pas le cas, le rapport entre la population masculine et féminine étant partout assez proche de l'unité. Seules les femmes qui ont considéré leur mari comme un amant peuvent se sentir vraiment blessées par une telle séparation. La femme adoptée ne souffre guère : son mari est pour elle une sorte de père, et qu'importe à un enfant si son papa nourrit dix enfants ou un seul : la chose principale est qu'il y ait égalité de traitement. Naturellement, un enfant unique vit sur un plus grand pied que lorsqu'il a deux ou trois frères et sœurs, mais le cas échéant il se contente d'une part plus petite. Une fois réglée la question financière, la femme-enfant rendra à son père la liberté qu'il demande, et parfois se met aussitôt à la recherche d'un amant.

Un éternel célibataire, variante de la polygamie successive fondée sur l'instinct sexuel, est relativement rare. Il s'agit d'hommes qui recherchent une vraie femme mais qui tombent partout sur des femmes-enfants. Ne voulant pas renoncer à leur sexualité, ils s'engagent bien avec elles, mais pour un temps limité : elles sont beaucoup trop simples pour lui, non comme enfants, mais comme femmes. Comme ces polygames successifs ne veulent pas d'enfants et que par conséquent ils offrent rarement d'adopter leur partenaire, la séparation a lieu sans douleur pour l'un comme pour l'autre. Il est fréquent que la pseudo-fillette fasse elle-même le premier pas dès qu'elle est convaincue de l'inutilité de ses efforts pour se faire adopter.

Naturellement, l'éternel célibataire doit lui aussi satisfaire son instinct nourricier, mais il choisit, pour les protéger, des objets qui ont vraiment besoin de son soutien. Il milite souvent dans les rangs de ceux qui luttent pour la liberté ou s'engagent en faveur de tous ceux que désavantage le système social ; ou bien, médecin, bienfaiteur social ou homme politique, il s'occupe dans sa profession d'objets sur lesquels se concentre tout son altruisme, si bien que son instinct nourricier est suffisamment satisfait. Dans ses moments de repos, il est donc, contrairement à la majorité des hommes, largement immunisé contre les femmes qui s'offrent à lui en tant qu'objets de sa protection.

La polygamie sporadique est celle du petit bonhomme. Contrairement aux riches, le pauvre ne satisfait pas régulièrement son instinct sexuel, mais à l'occasion seulement, et avec des femmes de deux types :

a)   Celles qu'il ne peut avoir à lui (promiscuité).

b)   Celles que tous peuvent avoir (prostitution).

Les femmes qu'il ne peut avoir à lui sont celles des autres hommes. Malgré une libido normale, elles se sont décidées pour un homme qu'elles ne désiraient pas vraiment - pour un « père adoptif » - et elles sont par conséquent obligées de satisfaire leur instinct sexuel en dehors des rapports de l'adoption. Souvent aussi ce sont des femmes qui, n'appartenant à aucun homme donné, se tiennent à la disposition d'un adoptant éventuel.

Tout en l'attendant, elles jouent le rôle de partenaire sexuelle du père adoptif d'une autre femme. Du fait qu'elles accordent toujours leurs faveurs gratuitement - car ce qui leur importe alors, c'est la question sexuelle, bien que ce ne soit jamais aussi important chez elles que le fait d'être protégées - l'homme auquel elles s'offrent n'hésite pas longtemps : dans le domaine du sexe, l'offre est rare et la demande est grande.

Il n'y a que le riche qui peut choisir la femme avec faire une offre supérieure à celle du premier « père » et acquérir ainsi l'une de ces femmes qu'on ne peut autrement avoir à soi. Quant au pauvre, il accepte sans réfléchir, les yeux fermés, toutes les femmes qu'il peut avoir, sachant chaque fois que l'occasion ne se représentera pas de sitôt. Malgré le côté sordide de cette promiscuité, le petit bonhomme emploie volontiers le mot « fantastique » pour évoquer ces rencontres avec la première venue. La femme qu'il ne pourra jamais avoir à lui, parce qu'elle appartient déjà à un autre et qu'il n'a pas les moyens de l'acquérir, représente pour ce défavorisé l'« aventure » la plus fantastique qui puisse jamais lui arriver.

Les femmes que tous peuvent avoir ne se donnent certes pas gratuitement, mais elles ne sont pas hors de prix. Car le montant qu'une femme exige pour satisfaire l'instinct sexuel d'un homme varie mathématiquement avec le nombre d'hommes auxquels elle accorde ses faveurs. La sexualité est l'un des rares aspects de la vie quotidienne dans lesquels les classes sociales ne sont pas en train de s'effacer, même dans nos États-providence. Le type de partenaire sexuelle qu'un polygame a à sa disposition varie exactement selon son revenu. Les femmes capables de bénéficier d'un contrat d'exclusivité, « celles d'un seul homme », sont les plus coûteuses, car, en cas de rupture, il y a automatiquement indemnité plus rente viagère. Les liaisons exclusives qu'aucun contrat ne valorise, par exemple celle d'un amant et de sa maîtresse, ne sont coûteuses qu'aussi longtemps qu'elles durent : l'absence de contrat implique qu'il n'y aura aucune indemnité à verser à la fin de ces relations. Avec des call-girls femmes à un ou deux clients par jour - la relation sexuelle devient beaucoup plus favorable au point de vue pécuniaire ; le client est ici un homme de la bourgeoisie aisée. Et plus la clientèle devient nombreuse, plus le prix baisse, car l'homme est de plus en plus pauvre. La putain de bordel aux cinq clients par jour est l'objet sexuel du représentant de commerce qui gagne bien sa vie, la putain à l'auto aux dix clients quotidiens se contente de l'employé moyen, celle qui fait le trottoir racole par jour sa trentaine de prolétaires ou de travailleurs immigrés. Pour être vraiment privé de toute sexualité, il faut qu'un homme soit chômeur.

Le recours aux prostituées est sans aucun doute, pour un homme, la façon là moins coûteuse de satisfaire son instinct sexuel avec un objet vivant, mais il est aussi celle qui s'éloigne le plus de la sexualité. L'homme qui recourt à une prostituée assouvit de presque mécanique son besoin d'aimer un être de l'autre sexe. Il tient un être vivant dans ses bras, mais au fond cela n'a plus qu'une valeur symbolique. La sexualité, la forme la plus absolue d'intercommunication dont dispose l'être humain, se trouve réduite à son expression la plus grossière, à une série de contractions musculaires involontaires provoquées par un frottement peau contre peau de quelques minutes. Quel que soit la technique qu'elle emploie, celle qui suscite ces contractions ne se différencie guère, dans ce cas, d'une cavité, quelle qu'elle soit elle aussi, qu'elle pourrait fabriquer et offrir dans ce but.

Quoi qu'il en soit, la sexualité au bordel est bon marché, et elle préserve la femme, l'objet de protection que l'homme garde chez lui. Il n'est pas rare que la prostituée soulage la pseudo-fillette adoptée, en totalité ou en partie, de la partie la plus pénible des devoirs d'une partenaire sexuelle. En revanche, il est rare que la fréquentation des bordels soit considérée comme un signe de dépravation chez l'homme : c'est au contraire la preuve de son attachement inconditionnel à la femme adoptée. Même quand cette dernière découvre ce genre de polygamie chez son mari, rien de grave ne peut se passer. La concurrente n'est-elle pas « seulement » une prostituée, laquelle, selon l'opinion générale, n'a rien d'une femme ? Une « vraie » femme, c'est celle qui peut compromettre le statut d'objet protégé qu'a une autre femme. À ce point de vue, la prostituée n'offre aucun danger : l'homme qui se séparerait de sa femme « adoptée » pour épouser une fille du trottoir ferait sensation.

Au fond, il n'y a que les hommes qui tiennent la prostitution pour immorale. Ils sont choqués par l'idée qu'ils peuvent prendre aussi simplement une femme -un être digne d'être protégé, comme on le leur a enseigné - contre seulement un peu d'argent. Il leur faut se rappeler que d'autres hommes font de même avec elle - ce qui explique qu'elle est si bon marché - pour supporter cette pensée. Mais pour les femmes, la prostitution féminine n'est pas un objet de réprobation.

En dehors des féministes qui jugent leur sexe d'après des valeurs masculines, les femmes ne considèrent pas leurs semblables comme ayant vraiment besoin de protection. Bien entendu, pour des raisons d'hygiène, elles préféreraient que leurs pères adoptifs se contentent d'une polygamie purement symbolique, et qu'au lieu de visiter un bordel une fois par mois, ils s'abonnent à une publication genre Playboy ou Penthouse.

Nous avons dit que la polygamie du petit homme est sporadique ou symbolique. Qu'il choisisse l'une ou l'autre de ces formes, c'est moins un problème financier - les deux variantes sont à peu près aussi coûteuses - qu'une question de tempérament. Les extrovertis tendront davantage vers la polygamie sporadique, abandonnant la polygamie symbolique aux introvertis.

Vraisemblablement, un homme doit se forcer quelque peu pour adresser la parole, en pleine rue, à une femme qu'il ne connaît pas, et lui proposer sans forme de procès le rapport le plus intime qu'il puisse y avoir entre deux êtres.

L'introverti est trop sensible pour aborder de la sorte une prostituée, aussi préfère-t-il le simulacre sexuel. Naturellement, il existe des introvertis fortunés. Ils n'ont pas de difficulté à avoir une partenaire sexuelle - bien au contraire -, et ils n'ont pas besoin non plus, malgré leur sensibilité, de se contenter du symbole. Pour imiter ses frères sous-privilégiés, il faut qu'un homme riche ne puisse rien faire avec une partenaire vivante, c'est-à-dire qu'il soit vieux ou qu'il souffre d'un dérèglement de sa libido.

Les êtres humains sont différents : pour exciter leur imagination, il faut à l'un des images, à l'autre des mots. Un troisième préférera une combinaison des deux. L'offre tient compte de ces différences et chaque polygame symbolique a donc un succédané sexuel à son goût. Pour les hommes dont l'imagination est surtout visuelle, il existe des films et des images pornographiques qui, bien qu'aucun texte ne les accompagne, ne laissent rien à désirer au point de vue évidence. Pour ceux qui s'abandonnent plus facilement à l'excitation des mots - la plupart sont des intellectuels - il y a la littérature pornographique. Et ceux qui ne veulent renoncer à aucun de ces deux moyens peuvent recourir aux « revues masculines ».

Dans ces revues masculines, l'image soutient le mot et le mot l'image, ce qui constitue pour leurs producteurs un avantage énorme : quand, il y a quelques années de cela, Hugh Hefner a lancé aux États-Unis son Playboy, la censure n'a pas trouvé grand-chose à lui reprocher : ni les illustrations ni les textes d'accompagnement n'étaient vraiment frappants, tout l'effet consistait dans la combinaison des deux et était donc difficilement saisissable. Aussi le succès a-t-il été grand, et il a continué de s'accroître jusqu'à aujourd'hui : malgré ses nombreuses imitations, Playboy est l'un des succédanés sexuels auxquels les timides recourent le plus, ce qui est dû moins aux représentations d'ordre sexuel qui leur sont offertes - on les considère généralement comme moins aguichantes que celles des magazines concurrents - qu'à l'alibi subtil qui préside à sa vente. Hefner a pris la juste mesure des introvertis : dans Playboy une annonce d'une double page demande aux femmes d'offrir un abonnement à l'homme qui est le leur. Rares sont les femmes qui lisent Playboy, l'annonce ne s'adresse donc pas à elles, mais aux hommes : « Comment, doivent-ils se dire, il y a des femmes qui abonnent leur mari à Playboy ! Je ne fais donc rien de mal... » Un assortiment remarquable d'historiettes, d'interviews et de dessins complète parfaitement l'alibi : bien que la plupart des acheteurs ignorent cette partie du magazine, elle en justifie moralement l'achat. Hefner a brisé un monopole féminin : il est le premier homme qui soit arrivé à tirer commercialement parti de la frustration sexuelle du père de famille, réussissant ainsi dans un domaine jusqu'alors réservé aux femmes.

Connaissant mieux les besoins de son propre sexe, il peut les satisfaire mieux qu'elles. Maître d'un empire d'une valeur de deux cents millions de dollars, il est devenu le plus grand proxénète de tous les temps.

Naturellement, ces symboles sexuels - qui ne sont pas de vraies femmes - peuvent seulement exciter le polygame introverti sans jamais le satisfaire. La solution qui s'offre à lui est de se satisfaire lui-même ou d'utiliser l'objet de sa protection. Grâce à la stimulation de ce succédané sexuel, il lui est assez souvent possible d'oublier un instant sa tâche de protecteur et de voir une vraie séductrice dans son pseudo-enfant. Avec un peu d'imagination, il peut également se figurer qu'il tient dans ses bras, non pas l'objet de son adoption, mais la fille de Playboy, celle qui étale ses charmes sur les deux pages centrales de la revue...

SEUL L'HOMME

L e syndrome paternel par l'inceste, la polygamie et la pruderie. Le nombre des hommes à la fois incestueux, polygames et prudes, est assez considérable. Nous avons déjà parlé du comportement incestueux et de la polygamie chez l'homme. Abordons maintenant la troisième caractéristique du syndrome paternel : la pruderie masculine.

Être prude, c'est désavouer son instinct sexuel. Et cette définition implique que seul l'homme peut vraiment l'être ; la femme, dès sa puberté, réprime son instinct sexuel en vue de la politique de puissance qu'elle suivra plus tard (cf. le chapitre « Le pouvoir du plus frigide »). Quand les femmes s'élèvent contre le sexe, elles n'ont aucun désir sexuel à désavouer : on ne peut rien refouler là où il n'y a rien. Aussi seules les rares femmes devenues réellement adultes peuvent-elles être prudes. La pruderie est une qualité masculine.

Mais tous les hommes qui se donnent pour prude ; ne le sont pas. Distinguons donc entre :

a) La fausse pruderie (la pruderie de « distracteur »), et
b) La pruderie véritable (la pruderie du « père »).

La fausse pruderie est celle des hommes auxquels femmes confient la charge d'administrer le monde pour qu'il fonctionne comme elles le veulent. Car lorsqu'on a le pouvoir, on l'utilise logiquement pour faire ce qui vous distrait en se déchargeant sur d'autres de tout le reste. En tête des choses ennuyeuses figurent naturellement les mortifications de la vie professionnelle. Aussi les femmes abandonnent-elles les travaux extérieurs à ceux qui n'ont pas assez de pouvoir pour mener leur vie à leur guise. Évidemment, la concurrence professionnelle comporte parfois un certain agrément, comme le prouvent les cas de la femme qui travaille bien qu'elle soit mariée à un homme riche, et de l'homme fortuné qui, par plaisir, se rend quotidiennement à son bureau (le pendant de la « femme émancipée »). Mais pour la plupart des hommes, le travail est une obligation : ils n'ont jamais eu et n'auront jamais d'autre choix.

La femme est au monde ce que l'actionnaire est à une société anonyme : elle n'y comprend rien, elle ne fait presque rien, mais tout ce qui s'y fait se fait dans son intérêt. On lui construit des maisons exactement comme elle le souhaite, on vote des lois qui la protègent, on place l'argent gagné pour qu'elle en profite, on lui fabrique des biens de consommation tels qu'elle désire les acheter. Les hommes qui font les lois s'envoient eux-mêmes, légalement, à la guerre, en laissant la femme chez eux ; dans toutes les bourses du monde, ils font fructifier l'argent de la femme à tel point que, dans plusieurs grands pays industrialisés, elle possède déjà la majorité des actions. Tout cela pendant que d'autres hommes, les prêtres, prêchent à leur propre sexe la chasteté, la fidélité et la monogamie.

De même qu'on demande à l'actionnaire, lors de l'assemblée générale annuelle : « Acceptez-vous notre gestion et devons-nous la poursuivre ? », pour qu'il réponde : « Soit, mais je voudrais quand même un bénéfice plus important », il arrive qu'un mari, soufflant un instant, interroge sa compagne :

« Notre vie te convient-elle ? Devons-nous continuer de la sorte ? » pour s'entendre répondre :

« D'accord, mais tu pourrais te débrouiller un peu mieux... » Ce que le pauvre devrait faire, et comment, et dans quel domaine, la femme n'a même pas besoin de le savoir : l'appareil fonctionne si bien que la plupart des femmes sont incapables de déceler ses lacunes ni de juger de la qualification des responsables.

Ce sont toujours les hommes qui constatent les faiblesses éventuelles du système et qui désignent les plus compétents d'entre eux pour occuper les postes de direction.

La seule chose que la femme exige, c'est la preuve que l'homme respectera son statut en tant qu'objet à protéger, car ce statut fait tout son pouvoir.

Cette preuve, il doit la lui fournir par une vie privée sans tache. L'homme qui veut représenter les intérêts de la femme et occuper une position sociale élevée doit commencer par adopter une pseudo-fillette et élever avec elle plusieurs objets qu'il protégera, eux aussi. Naturellement, il n'y aura dans son passé ni divorce, ni infidélité ni quelque autre « ratage » sexuel. Sans ces conditions préalables, les femmes ne porteront pas leur choix sur lui en dépit de toutes les recommandations des experts ; d'ailleurs, ces derniers le savent et ne proposent jamais ce genre de candidats. L'homme qui parvient à un poste élevé dans l'administration de l'empire féminin - qui veut par exemple devenir chef d'État, ministre, général, magistrat ou directeur d'une grande banque - doit tout au long de son ascension professionnelle vivre selon l'idéal de la femme. Interdiction d'abandonner l'épouse qu'il n'aime pas (et chacun de nous connaît les « boulets » que certains notables traînent avec eux tout le long de leur vie et qu'on appelle leur « péché de jeunesse »). Interdiction d'avoir une maîtresse. Interdiction d'éprouver un désir pour quelqu'un de son sexe, etc. Bref, un administrateur est prude ou doit jouer la comédie de la pruderie ; autrement, il n'a pas une chance de réussir. Il affirmera en public que sa vie de famille passe avant tout, qu'il condamne tout désordre sexuel, ne ressent aucun désir homosexuel, et ainsi de suite. Une phrase lancée sans réfléchir, un baiser illégitime, un rendez-vous secret, et c'en est fait du rêve de la grande carrière, pour compétent que soit l'homme.

La vraie pruderie - celle dite du père - est plus difficilement reconnaissable que la fausse, car elle se présente volontiers comme le contraire de ce qu'elle est : comme la preuve de la liberté d'action de l'homme. Sa véritable cause est que l'homme qui considère les femmes comme des objets à protéger - le père adoptif - voit par conséquent l'acte d'amour comme une violence faite à un plus faible que lui. D'où un sentiment de culpabilité dont il ne peut se décharger qu'au moyen d'aveux détaillés. Ces aveux peuvent être directs ou indirects. Les premiers sont ce qu'on appelle les « entretiens entre hommes », et les seconds les « plaisanteries d'hommes ». Tous deux sont des formes de la pruderie.

On ne sait combien de temps en moyenne un homme passe à discourir de sexualité avec d'autres hommes, probablement beaucoup plus que ce qu'il consacre au sexe lui-même. Or, il n'y a aucune raison pour qu'un homme adulte - à moins d'être homosexuel - évoque ce sujet avec un autre homme. Normalement, l'acte sexuel est un thème de conversation entre deux partenaires sexuels. Que les hommes en parlent de préférence et aussi constamment avec d'autres hommes, ne s'expliquer que par une sorte de dégel de ce complexe de culpabilité, par la mauvaise conscience qu'ils ont à chacun de leurs rapports sexuels avec une femme.

Cette situation devient encore plus claire quand l'aveu est indirect, quand il s'agit d'une « plaisanterie entre hommes ». Pour qui ressent que l'acte d'amour avec une femme est une chose interdite, mais à laquelle il ne peut renoncer, l'auteur d'une obscénité est le héros qui accomplit quelque chose de défendu. Aussi une plaisanterie d'homme typique a-t-elle toujours pour objet l'acte sexuel : l'une des personnes en question est par exemple un enfant sans expérience, un gynécologue libidineux, une religieuse ou un ecclésiastique. Comme il ne s'agit pas essentiellement d'une plaisanterie, mais d'un aveu, ce genre d'esprit intéresse très peu ceux qui n'y participent pas. Ce besoin de plaisanter de la sorte doit être considéré uniquement comme un prétexte, comme l'introduction à une thérapie de groupe qui se déroule dans les cafés et les clubs masculins qui tiennent ainsi lieu d'instituts psychologiques. Le grand éclat de rire qui suit chaque exhibition est un acte de libération, l'expression d'un soulagement de conscience collectif.

Une forme très répandue de pruderie masculine est l'exigence de la virginité chez la future épouse.

Cette exigence se rencontre surtout là où la fausse pruderie - dans ce cas celle des prêtres - va de pair avec la pruderie véritable. En exigeant que sa jeune épouse soit vierge, l'époux déclare catégoriquement qu'il tient la sexualité pour quelque chose de répréhensible. Il soumet chacune de ses rencontres féminines à un test des plus simples : une femme couche-t-elle avec lui, c'est une mauvaise femme ; refuse-t-elle, c'est une femme « bien ». N'est une femme « bien » que celle qui lui aura prouvé qu'elle ne le désire pas sexuellement. Celle-là, il acceptera de l'entretenir toute sa vie.

Du fait qu'un être humain qui renonce jusqu'à sa vingt-troisième année à toute sexualité en demeure défini pour le reste de son existence, l'homme qui se marie avec une vierge obtient le plus souvent ce qu'il souhaitait au fond de lui-même : une partenaire frigide. Après quelque temps, il reviendra à une polygamie simultanée ou sporadique, et, tout comme avant son mariage, satisfera son instinct sexuel avec les « mauvaises » femmes. Celle qui est « bien » sera la « mère de ses enfants », un être asexuel, qu'il trouvera profitable de protéger. Prétendre que les femmes soient forcées à l'abstinence sexuelle du fait qu'elles vivent dans une société « faite par les hommes », c'est méconnaître les faits : la femme qui a l'intention de subvenir elle-même à ses besoins, n'est nullement forcée de rester vierge : elle peut avoir autant d'amants qu'elle le veut.

Toutes ces formes de pruderie, on l'a déjà dit, sont presque inexistantes chez les femmes. Il y a des femmes prudes, mais elles constituent l'exception, non la règle. La femme ordinaire parle peu de ses expériences sexuelles, elle raconte rarement des grivoiseries et n'exige jamais que son époux arrive vierge au mariage. Du fait que très peu d'hommes jouent la comédie de l'enfance, rares sont les femmes qui commettent un acte répréhensible en couchant avec eux. Aussi n'ont-elles pas mauvaise conscience, ce qui leur ôte toute envie de procéder à des aveux. Au contraire : pour celles, fort nombreuses, qui ne ressentent rien dans l'acte sexuel (aux États-Unis par exemple, on évalue le que le pourcentage des femmes qui éprouvent des difficultés pour parvenir à l'orgasme atteint 75 pour cent). Elles avouent qu'il s'agit d'un acte qu'elles font uniquement par altruisme, un sacrifice dont elles peuvent être fières.

L'AMOUR ENTRE L'HOMME ET LA FEMME

1) est monogame, exclusif et fidèle

L a sexualité, avons-nous dit, est la base de l'amour entre l'homme et la femme. Mais pourquoi aimons-nous généralement un seul compagnon et non plusieurs ? Pourquoi des êtres humains qui en ont le choix ne couchent-ils pas chaque jour avec quelqu'un d'autre ? Pourquoi, quand celui ou celle que nous aimons n'est pas là, renonçons-nous totalement à ce qui est sexuel plutôt que de nous contenter du premier partenaire possible ?

Pourquoi sommes-nous fidèles dès que nous aimons, pourquoi sommes-nous jaloux et intolérants ? Pourquoi l'amour entre l'homme et la femme se définit-il par cette fixation à un être unique ? Pour le comprendre, il nous faut savoir d'abord ce que nous sommes réellement, c'est-à-dire que nous devons exposer brièvement la structure de notre Moi.

Ce qu'est quelqu'un ou quelque chose, a dit Wagner[2], se définit par tout ce qui est autre que lui, par tout ce qui n'est pas lui. Tout ce qui est autre que lui est son système. En tant qu'objet défini, il est l'objet de ce système, et cette relation système-objet vaut pour tous les processus, physiologiques comme psychologiques. Le système de l'objet qu'est notre Moi, se compose donc des hommes qui le définissent : ce sont les autres qui me font ce que je suis ; sans leur définition, je ne serais pas un individu, car je n'aurais aucune qualité particulière, je ne serais différent de rien ni de personne. Et moins il y a de personnes qui me définissent, plus la définition qu'on m'offre de moi devient digne de confiance, car moins il y a de danger qu'elle comporte en soi trop de contradictions. Ce bonheur qu'un individu ressent en étant défini exactement, c'est-à-dire en se soumettant volontairement à une appréciation étrangère, Wagner l'a appelé le désir de la non-liberté, dont l'opposé est

---

[2] Klaus Wagn, Was Zeit ist und was nicht (Ce qu'est le temps et ce qu'il n'est pas), Munich, 1975.

l'angoisse existentielle que ressent l'être humain devant l'absence de définition, c'est-à-dire devant la liberté.

Notre « définiteur » idéal, pour revenir au thème de ce livre, sera donc l'Autre, et celui qui conviendra le mieux à ce rôle sera sans aucun doute notre partenaire amoureux. Car si je suis tout d'abord un être humain, je suis ensuite un être sexuel : la différence la plus importante qui existe entre les êtres humains est en effet celle du masculin et du féminin. Aussi le Moi se laisse-t-il le mieux définir par quelqu'un de l'autre sexe. Ce qui comporte deux avantages : l'Autre - mon système - est une seule personne, l'opinion qu'elle a de moi ne peut être contredite par un tiers, et d'autre part elle est mon pôle opposé au point de vue sexuel. Qui pourrait mieux qu'un homme me définir en tant que femme ? Qui peut dire avec le plus de précision ce que je suis en tant qu'être humain et être sexuel, sinon mon amant ? C'est également la raison pour laquelle l'amour peut nous rendre plus heureux - ou plus malheureux - que toute autre chose.

Un amour heureux repose sur la soumission volontaire et réciproque des deux amants. Un homme et une femme qui s'aiment se trouvent dans un état de définition totale, chacun d'eux sait à tout moment qui il est, ce qu'il est et comment il est, chacun d'eux, réciproquement, est donc tout pour l'autre. Ma définition est alors aussi précise qu'elle peut l'être : j'ai pour « définiteur » une seule personne, et il me définit totalement, spirituellement en parlant de moi, physiquement par l'acte d'amour.

Un ami ou un ennemi peut apprécier ou non mon esprit, un amoureux d'occasion peut juger mon corps, celui que j'aime se prononce sur tout mon être. Chacune de ses caresses me montre comment je suis : belle, désirable ; chacune de ses questions, chacune de ses réponses me révèle ce que je suis : un être humain avec lequel il veut s'entretenir, plus intéressant pour lui que tous ceux qu'il connaît. Du fait qu'il m'a précisément choisi, l'homme que j'aime a fait de moi quelque chose d'unique dans ce monde : c'est moi, et personne d'autre, qui suis aimée de lui. S'il s'agit d'un amour heureux, les définitions deviennent de jour en jour plus exactes : après chacun de nos rendez-vous, je sais encore mieux comment et qui je suis. Les autres peuvent dire de moi ce qu'ils veulent, je n'en crois pas un mot. Seul mon aimé peut me convaincre. Comme sa définition devient de jour en jour plus précise, je dépends de plus en plus de lui, mais il n'en est pas autrement de lui à mon égard. Je lui dis que je lui appartiens, qu'il peut faire de moi ce qu'il veut, que je ne peux vivre sans lui. Ce n'est pas de l'exagération : en réalité je ne pourrais pas vivre sans lui, je ne saurais pas pour qui survivre, car sans lui je ne saurais plus qui je suis. Il est mon système, celui de mon existence.

Si mon aimé me quitte, il s'ensuit une absence immédiate, aiguë, de définition, un état de liberté totale auquel je ne peux réagir - s'il s'agit vraiment d'un grand amour, d'une définition absolue de mon esprit et de mon corps - que par l'apathie, le désespoir, la folie, le suicide, par une angoisse existentielle. Le chagrin d'amour dont on se moque si souvent est bien le plus grand malheur qui puisse arriver à un être : c'est le sentiment le plus intense de liberté totale, donc de solitude, que le monde ait à nous offrir.

Je peux certes me laisser aimer par deux partenaires, mais je ne peux en aimer qu'un. La bigamie est une définition extrêmement imprécise : les opinions que mes deux partenaires ont de moi doivent nécessairement se contredire, ne serait-ce que dans de tout petits détails, mais c'est de cela qu'il s'agit justement en amour. Si je me soumets au verdict de deux êtres différents, je ne sais qui je suis et par conséquent je ne peux être heureuse.

C'est là une différence importante entre la tendresse qu'on éprouve pour l'objet de sa protection et ce qu'on ressent pour l'objet de son amour : on peut « aimer » simultanément plusieurs objets qu'on protège, mais seulement un unique objet d'amour. Les objets que nous protégeons donnent de nous de très faibles définitions : ils ne peuvent que nous dire : « J'ai besoin de toi » et rien de plus. Ils ne nous spécifient pas les qualités que nous avons et pour lesquelles ils nous utilisent : ces qualités leur sont indifférentes. Et ils sont prêts en cas de besoin à nous échanger immédiatement contre un protecteur meilleur que nous (cf. le chapitre « Les pères n'ont aucun pouvoir »). Du fait de la différence de niveau intellectuel entre protecteur et objet protégé, ce dernier lui aussi se sent défini de façon insuffisante, sa dépendance à l'égard de son protecteur est donc surtout d'ordre « physique ».

1) L'amour est jaloux

Si mon aimé définit une autre que moi par son amour, je perds mon individualité. Je deviens comme l'autre qu'aime aussi celui que j'aime (puisque l'amour est monogame, il n'aime personne, mais cela je n'en ai pas conscience), je deviens une sorte de double. Pour redevenir unique, il faut que je tue mon double ou que je recherche un autre amant.

La jalousie n'est pas un signe absolu d'amour, mais il ne peut y avoir d'amour sans jalousie. La tolérance n'est pas une preuve d'amour, mais juste le contraire. Quiconque est prêt à partager l'objet de son amour avec quelqu'un d'autre manifeste de façon évidente son manque d'intérêt pour lui en tant que partenaire sexuel ; dans le meilleur des cas, il ne ressent pour lui que de l'amitié ou de l'amour du prochain.

On n'est jaloux de quelqu'un que si l'on se sent défini par lui. L'objet que je protège ne me définit qu'en tant que protecteur : je ne peux être jaloux que s'il cesse de me définir en tant que tel. En dehors de cela, il peut faire ce qui lui plaît sans susciter ma jalousie.

Un ami ne me définit pas comme partenaire d'amour, je ne peux donc être jaloux que s'il donne son amitié à quelqu'un d'autre. Les couples dits libres, où chacun tolère que l'autre couche avec un tiers, ne sont pas fondés sur l'amour, mais sur l'amitié. Les rapports sexuels qui peuvent exister entre les deux membres d'un « couple libre » sont un service amical qui n'a plus rien à voir avec l'amour.

2) L'amour est fidèle

Si j'entreprends quelque chose dont mon partenaire amoureux ne sait rien, les définitions qu'il donne de moi ne sont plus précises.

L'infidélité sexuelle n'est possible que si je n'accorde pour ainsi dire aucune valeur à ses définitions : si je ne l'aime plus. Si je trompe celui que j'aime, malgré tout, je dois ensuite tout lui avouer. Pour effroyable que cela soit pour moi, ce n'est qu'ainsi qu'il peut recommencer à me définir exactement.

L'amour entre un homme et une femme peut durer toute la vie. Il n'y a aucune raison contraignante pour qu'un couple, qui éprouve à dix-sept ans un amour réciproque, ne le ressente plus à soixante-dix ans. Si un tel sentiment est rare dans la pratique, cela tient à des causes que nous avons déjà mentionnées : d'une part, on évalue l'amour entre un homme et une femme d'après les concepts de l'amour du prochain ; d'autre part, l'offre de partenaires adéquats est insuffisante.

Qu'est-ce qu'un partenaire adéquat en amour ? Rappelons-nous les deux conditions préalables pour qu'il puisse y avoir amour entre un homme et une femme :

a)   La plus grande opposition possible au point de vue physique,

b)   La plus grande ressemblance possible au point de vue intellectuel.

On constate l'opposition des caractères extérieurs dans la plupart des liaisons : les lois biologiques tendent à mélanger, dans le cadre d'une même espèce, les facteurs héréditaires les plus différents. Nous choisissons instinctivement le partenaire qui diffère manifestement de nous au point de vue physique.

Mais la plupart du temps, la ressemblance intellectuelle fait défaut. Elle est pourtant indispensable pour les raisons suivantes :

1.   Quand un partenaire sexuel est beaucoup plus bête que vous, vous voulez instinctivement le ménager. Quiconque satisfait son désir sexuel avec un inférieur a l'impression d'abuser de lui. Ce type de sexualité engendre toujours un comportement sexuel erroné (inceste, polygamie) et une mauvaise conscience (pruderie).

2.   Quand la similitude intellectuelle fait défaut, les partenaires ne peuvent se définir réciproquement. Le plus faible intellectuellement ne peut préciser à l'autre ce qu'il est, ni le comprendre.

En d'autres termes : pour que l'amour entre un homme et une femme soit durable, il faut qu'ils soient en tout sauf dans les domaines qu'ils considèrent comme étant spécifiquement sexuels ; dans ces cas ils doivent être aussi opposés que possible. La force de l'amour dépend de la mesure dans laquelle deux conditions sont remplies.

Amour de courte durée, ou amourette : l'un d'eux est très inférieur à l'autre au point de vue. Ce genre d'amourettes peut aboutir à un mariage, et deux êtres humains peuvent ainsi vivre toute leur vie enchaînée l'un à l'autre. Mais cela ne change rien au fait que leur amour n'est au fond qu'une misérable affaire.

Comment l'amour peut-il somme toute naître entre deux personnes inégales ? Comment est-il possible qu'un homme, serait-ce provisoirement, puisse confondre sa grande tendresse pour sa protégée avec le grand amour que pourrait lui inspirer une femme ? Pourquoi une femme peut-elle vraiment s'enthousiasmer pour un homme dont l'essence lui est absolument incompréhensible ? Rappelons-nous que l'amour est une définition totale, tant du corps que de l'esprit. Dans une amourette, mon corps peut se trouver défini de façon parfaite, surtout quand l'aspect extérieur de mon amoureux correspond dans une grande mesure à mon sens de l'esthétique. « Tu es belle, tu es désirable », me disent les embrassements de mon partenaire ; « Tu es beau, tu es désirable », lui répondent les miens.

Pour que nos corps puissent demeurer ainsi définis, notre esprit recourt à un petit stratagème : si mon amoureux est plus bête que moi, je l'idéalise ; si je suis plus bête que lui, je m'idéalise moi-même.

a)   Idéalisation du partenaire : Rien n'est plus facile que d'idéaliser un sot avec lequel on aime coucher jusqu'à prendre pour de l'amour le désir qu'il vous inspire. Il est tout à fait possible de tenir, de façon provisoire, la sottise du partenaire pour une sorte particulière d'intelligence. Car tandis que l'intelligence s'exprime par des actes logiques et compréhensibles et est par conséquent contrôlable, prévisible et mesurable, les actes du sot ou de la sotte sont dépourvus de toute raison et on est donc incapable de les prévoir ni de les contrôler. La sottise peut avoir des effets surprenants : par exemple, pour se rendre compte du danger que présente une situation, un sot manque de l'imagination nécessaire : aussi, peut-il alors donner à son entourage l'impression d'être supérieur et sûr de lui. Un sot prend facilement une décision : du fait qu'il ne pense pas de façon abstraite, il ne voit le plus souvent qu'une seule issue à une situation donnée, et il n'est pas rare qu'elle soit juste. Puisqu'il ne sait rien et est donc incapable de comparer, le sot est fréquemment d'une conséquence étonnante dans le jugement qu'il porte sur un problème intellectuel.

Il faut parfois des mois pour systématiser le manque de système d'un sot et pour découvrir ce qu'est au fond son assurance : une puissance d'abstraction déficiente et une absence de sensibilité qui s'expliquent par une carence totale d'expérience. Dès lors, malgré tous les efforts qu'on fait, il n'est plus possible de l'idéaliser, et, faute d'idéalisation, on ne l'aime plus. Avec le peu de concepts dont il dispose, un sot ne peut définir la complexité de son partenaire : un enfant qui déclare à son père qu'il est merveilleux, est touchant, mais ne convainc personne : le père lui-même sait que le petit trésor d'expériences que possède l'enfant ne lui permet pas d'apprécier s'il est vraiment quelqu'un de merveilleux, comparé aux autres hommes.

Quiconque découvre un jour que son amoureux n'est au fond qu'un imbécile devient rapidement incapable d'éprouver quelque plaisir à ses embrassements, pour beau qu'il puisse encore le trouver. Partager son lit avec un sot, c'est la solitude la plus grande du monde. Alors, le sexe n'est plus que « du sexe », et s'il n'y a pas eu entre-temps « adoption », la liaison prend fin.

b)   Idéalisation de soi-même : J'ai un amant, X...., professeur hautement cultivé, et qui me trouve à son goût. Surtout, à l'en croire, ce qui lui plaît en moi est une certaine qualité « y », rare, et que toutes les femmes n'ont pas. Certes, je ne comprends pas ce qu'il veut dire par là, mais je suis flattée : je suis la femme qui possède la qualité « y », donc un être humain tout à fait exceptionnel : je m'idéalise.

Pourtant, avec l'aide du temps, cette affaire commence à m'ennuyer : la qualité « y » ne me dit absolument rien, elle ne figure pas sur mon échelle personnelle des valeurs. Le professeur et moi ne nous comprenons pas, nous ne parlons pas la même langue. Que cet homme cultivé m'aime est un fait qui contient certes une certaine quantité de définitions : me voici devenue la maîtresse d'un homme cultivé, mais cela ne me renseigne aucunement sur ce que je suis, moi. S'il n'y a pas simultanément « adoption », je quitterai bientôt l'amant trop complexe pour moi pour me chercher un amoureux plus sot qui parle ma langue et qui partage le monde de mes concepts. Le professeur n'est pas pour moi un partenaire adéquat au point de vue amour ; notre liaison est « seulement sexuelle », elle ne pourra jamais me définir suffisamment en tant qu'être humain.

Avoir une liaison « seulement sexuelle », c'est faire l'acte d'amour sans amour, c'est une affaire sexuelle entre partenaires qui au fond ne se comprennent pas. Deux êtres au niveau intellectuel différent ne peuvent rester ensemble que si chacun d'eux fréquente quelqu'un d'autre qui puisse le définir. Une liaison « seulement sexuelle » entraîne nécessairement une infidélité psychique, ce qui est la solution fréquente chez tout couple dont les deux composants, pour des raisons extérieures, sont liés pour le reste de leur vie. La femme a une « amie de cœur » qui la définit selon les règles très strictes du système « féminité » et qui, au nom de toutes les femmes, apprécie sa valeur « en tant que femme » : suivant le nombre des enfants, la qualité de l'arrangement de l'habitation, l'élégance de l'habillement, la situation sociale du mari, etc. Ce mari, lui, a des amis, des collègues, des camarades mus par les mêmes idéaux politiques, et qui lui donnent ainsi une définition partielle de lui-même. Cette manœuvre leur permet de continuer à utiliser le mot « amour » pour désigner la raison véritable de leur vie en commun.

On peut également entretenir avec plusieurs partenaires des liaisons « seulement sexuelles ». Un homme dont l'épouse et la maîtresse sont toutes deux sottes aura avec sa femme une liaison « simplement sexuelle » conditionnée de soins nourriciers, et avec sa maîtresse une liaison « simplement sexuelle » sans soins nourriciers afférents. Il recherchera ailleurs la définition de lui-même qui lui est indispensable.

Un amour de durée moyenne peut survenir quand il y a modification, chez les deux partenaires, de la similitude intellectuelle ou de leur opposition physique du début. Par exemple :

a)   Au commencement de leur relation amoureuse, l'un des partenaires cesse toute lutte pour l'existence, l'autre au contraire lutte pour les deux. La conséquence est que l'un devient de jour en jour plus complexe tandis que l'autre demeure au niveau du début de leurs rapports. Après quelque temps, ils sont si différents qu'ils ne peuvent plus se définir avec une précision suffisante : c'est la fin de leur amour.

b)   L'un des partenaires est instable ; il n'a aucune conception bien arrêtée sur le monde qui l'entoure. Or, l'instabilité est souvent un trait essentiel des êtres d'une intelligence au-dessus de la moyenne. Une question quelconque présente toujours plusieurs aspects, on peut avoir au moins deux opinions sur toute chose, chacune d'elles étant toujours à la fois juste et fausse. Un homme d'une intelligence normale ne s'en rend pas compte, il ne voit qu'un côté des choses. L'homme à l'intelligence au-dessus de la moyenne le sait bien, aussi va-t-il souvent, dans ses jugements, d'un extrême à l'autre. Naturellement, ces oscillations continuelles ne ménagent guère le partenaire du fait que lui aussi - lui surtout - fait partie du milieu qu'analyse constamment l'instable : il se voit donc soumis à des définitions sans cesse contradictoires de sa propre personne :

Une fois il est bon, une fois il est mauvais ; le matin on le loue, le soir on le condamne. Certes, il se trouve défini de façon constante, mais cette définition change continuellement. Peu à peu, il arrivera à ne plus croire ce que lui dit son partenaire, il lui retirera sa confiance et se mettra à la recherche d'un autre « définiteur ».

c)   Un amour s'achemine aussi vers sa fin quand, la similitude intellectuelle restant ce qu'elle est, l'opposition des caractères physiques devient de plus en plus faible. Une femme ingénieur, qui, avec les connaissances de ses collègues masculins, adoptera leur attitude, portera les cheveux courts, parlera, rira, aura les mêmes gestes qu'eux, paraîtra de moins en moins « féminine » à son partenaire. Et le coiffeur pour femmes qui commence à se manucurer, à se parfumer et à se teindre les cheveux, paraîtra beaucoup moins attirant à une partenaire tombée amoureuse de lui quand il n'était encore ni manucuré, ni parfumé et ne se teignait pas les cheveux : elle trouvera qu'il « manque de virilité ».

Tout le monde le sait, les grands amours sont rares, exceptionnels. Pour qu'un grand amour apparaisse, il faut, comme nous l'avons déjà dit, que deux conditions préalables soient d'abord remplies : l'opposition spécifique dans l'aspect extérieur des deux partenaires (l'un étant le pôle opposé de l'autre, l'homme devant être très viril et la femme très féminine), et la ressemblance dans tous les domaines qui ne sont pas spécifiquement sexuels : la même intelligence, la même sensibilité, etc. Or, ces conditions préalables sont rarement remplies.

Les femmes dont l'aspect extérieur diffère manifestement de celui d'un homme - qui donnent une impression vraiment féminine - sont pour des raisons biologiques plus désirées que les autres, car les lois biologiques tendent à mélanger de façon optimale, à l'intérieur d'une même espèce, les facteurs héréditaires qui diffèrent le plus. Or, le désir que ces femmes inspirent leur garantit le pouvoir de subsister en dehors de la lutte pour la vie : les hommes qui les désirent sont prêts à payer n'importe quel prix. Une femme à l'aspect très féminin doit donc posséder une grande force de volonté pour s'exposer, malgré les tentatives de corruption des hommes, aux mêmes vicissitudes qu'eux dans la lutte concurrentielle pour la vie. Elle choisit le plus souvent le chemin le plus facile et laisse un homme se battre pour elle. Une femme à l'aspect très féminin n'a pas besoin d'être intelligente pour vivre, et en général, elle ne l'est pas. Elle ne remplit qu'une des deux conditions indispensables à un véritable amour : l'opposition physique, sexuelle, à son partenaire.

Les femmes dont l'aspect extérieur ne diffère pas clairement de celui d'un homme - qui donnent une impression peu féminine - sont pour des raisons biologiques moins désirées que les autres. Elles subiront rarement ou jamais les tentatives de corruption des hommes. Pour vivre, ces femmes doivent lutter tout comme les hommes et, exactement comme eux, se trouveront dans l'obligation de développer leur intelligence. Les femmes qui donnent une impression peu féminine ne remplissent donc, elles aussi, qu'une des deux conditions nécessaires à l'amour : celle de l'égalité intellectuelle avec leur partenaire. Elles ne remplissent pas la seconde : celle de l'opposition physique.

1.   Quelle que soit la partenaire que choisisse l'homme, il lui manque une des deux conditions préalables nécessaires à l'amour : elle est soit trop peu féminine, soit trop sotte pour lui.

2.   Quel que soit le partenaire que choisit la femme, il lui manque l'une des deux conditions préalables nécessaires à l'amour : il est soit trop peu viril, soit trop bête ou trop intelligent.

3.   Comme l'accomplissement des lois biologiques importe plus que tout le reste, et qu'un instinct hommes préféreront les femmes sottes, mais à l'aspect féminin, aux femmes intelligentes, mais non féminines.

On peut donc conclure :

a)   Les hommes s'imaginent que l'intelligence chez une femme la rend peu féminine. En réalité, c'est le contraire qui est vrai : c'est parce qu'elle est peu féminine qu'une femme est obligée d'être intelligente.

b)   Les femmes s'imaginent que l'intelligence chez l'une d'elles est pour l'homme un objet d'effroi. Là encore, c'est le contraire qui est la vérité : les hommes ne craignent pas l'intelligence chez une femme, ils redoutent son manque de féminité plus que sa sottise (ce n'est qu'une question de priorité).

Nous voici pris dans un cercle vicieux : l'homme ne peut pas trouver la femme qu'il aime, et la femme qui accorde plus de valeur à l'amour de l'homme qu'à sa protection, n'est pas capable de lui inspirer de l'amour. S'imaginant que les hommes fuient les femmes intelligentes, la majorité des femmes renoncent à tout ce qui peut élargir leur horizon, ce qui les éloigne d'autant plus de l'amour. C'est seulement parce que cette règle comporte des exceptions qu'on voit apparaître de temps à autre le grand amour, celui qui dure toute une vie.

À PÈRES PUBLICS, ENFANTS PUBLICS

L e monde occidental est un matriarcat où les hommes jouent les patriarches : sans cette comédie, le matriarcat actuel serait absolument impossible. Mais ce comportement masculin doit toujours demeurer une simple comédie ; s'il devenait un jour réalité, c'en serait fait de la position de puissance de la femme. Pour éliminer à jamais cette possibilité, les femmes ont une arme : les mass média : elles manipulent une grande partie des journalistes pour répandre par des moyens fallacieux l'image qu'elles veulent donner d'elles-mêmes. Ces journalistes répéteront aux autres hommes que la femme est faible, qu'elle a grand besoin d'être protégée, et que l'amour qu'un homme ressent pour une femme, s'il est authentique, présente toutes les caractéristiques de l'amour du prochain, c'est-à-dire de l'altruisme.

Or, un vrai patriarche est un homme qui :

a)   assure les besoins essentiels des autres, et

b)   en contrepartie des services qu'il leur rend,

prescrit la manière dont ils doivent vivre.

Pour les femmes, seul le point a de la valeur ; le point b ne compte pas dans leur esprit.

Seulement, sans b, a ne fonctionnerait pas : celui qui gagne l'argent veut aussi décider de la manière dont on l'emploie ; autrement, quel plaisir tirerait-il de ses gains ?

Pour accepter le point a, l'homme doit croire qu'il applique le point b.

En d'autres termes : pour qu'il n'y ait aucun accroc dans la mise en valeur économique de la force de travail de l'homme, il faut le convaincre qu'il opprime sa femme. On lui suggérera donc qu'en échange de l'argent qu'il lui remet, il l'oblige à accomplir les travaux d'esclave les plus bas qui soient, tout en l'exploitant sexuellement.

Dans chaque cas particulier, cette manœuvre de camouflage est difficilement réalisable, et tout époux sait que sa femme est bien autre chose qu'une esclave dans son logement automatisé. Chez la plupart des couples, c'est elle qui prend pratiquement toutes les décisions financières : d'après les statistiques, c'est elle qui décide des achats ; il n'y a que pour les biens de consommation où les connaissances techniques du mari sont indispensables à son jugement (autos, machines ménagères), qu'elle requiert son assistance. Dans le domaine social, c'est la femme qui pratiquement décide de tout : du nombre des enfants grâce à l'emploi volontaire des contraceptifs, de leur présence chez elle après le temps indispensable à leur élevage, et le plus souvent du choix des amis et des parents que fréquente le couple. Et il ne peut être question d'exploitation sexuelle : aux États-Unis, selon Kinsey, après dix ans de vie commune, la fréquence des coïts s'élève à deux par semaine. Même pour une femme frigide - pour les autres, il ne peut s'agir d'exploitation - l'effort à accomplir n'est vraiment pas terrible.

Cette mystification de l'homme sur le rôle qu'il joue est devenue beaucoup plus aisée grâce aux mass média qui influent sur l'opinion publique. Chaque homme pris en particulier sait parfaitement qu'il n'exploite personne pas plus qu'il n'abuse sexuellement de sa femme... mais peut-être les autres hommes ne sont-ils pas comme lui ? Si les journaux, la radio et la télévision le lui répètent à longueur de journée, il arrive finalement à le croire. Si des hommes cultivés s'acharnent à persuader leurs frères plus simples que même un rapport sexuel normal doit être interprété comme un acte de violence subi par la femme, que le contact constant de ses enfants et de ses amies, ainsi que l'attente éternelle du retour de l'époux constituent la forme la plus subtile de l'esclavage humain, des maris arriveront un jour ou l'autre à s'identifier à ces brutes qui empêchent leur femme de « se réaliser » ! Même leur lutte pour le pain quotidien de leurs « protégés » et « adoptés » reprend ainsi un sens.

Nous appellerons donc désormais pères publics ces journalistes qui fournissent de fausses informations au sujet des femmes et consolident ainsi leur statut d'objets qu'il faut protéger : rédacteurs, publicistes, folliculaires des quotidiens et des périodiques, qui se spécialisent dans la « question de la femme », pondeurs de feuilletons sur la femme « opprimée », producteurs de films « d'émancipation », de quelque couleur politique qu'ils se maquillent, barbouilleurs de papier qui vous racontent, sous forme de roman ou d'autobiographie, comment ils ont « abusé » sexuellement de leurs innocentes compagnes de jeux, etc.

Tous ces « pères publics » ont quelque chose en commun : les raisons qui les font agir ne sont pas basses. Les uns sont forcés de mentir, d'autres préfèrent croire ce qu'ils disent, et d'autres encore le croient vraiment. Aussi distinguerons-nous entre :

a)   pères publics involontaires,

b)   pères publics volontaires,

c)   pères publics par incapacité intellectuelle. Il s'agit de journalistes que leurs rédacteurs en chef obligent à mentir. Le journaliste qui ne peut pas se permettre de courir le risque de perdre sa situation parce qu'il a charge de famille doit pondre l'œuf que son « boss » attend de lui. On pourrait donc croire que ce qu'on appelle liberté de la presse n'est que celle du en chef, mais au fond lui non plus n'est pas veut vendre son produit, il faut bien que ce soit de l'économie de marché, c'est-à-dire qu'il ne publie que ce que son public veut lire. La liberté de la presse est en fin de compte la liberté qu'a le consommateur de retrouver ses opinions dans le journal qu'il achète.

Pour les raisons déjà indiquées, les hommes comme les femmes veulent lire que la femme est opprimée : jamais un journaliste n'aura l'occasion de faire passer un article contradictoire : dans la société capitaliste, ce ne sont pas les mass média qui manipulent l'individu, c'est évidemment l'individu qui manipule les mass média.

Même si certains hommes souhaitaient dire ou entendre la vérité sur le rôle qu'ils jouent, les femmes prendraient encore les commandes. Car si les uns et les autres lisent, les femmes sont de beaucoup les plus avides consommatrices. Nous le savons déjà, tous les achats, depuis l'aménagement de l'habitation jusqu'aux idées de consommation courante, sont surtout décidés par des femmes, aussi la plupart des campagnes publicitaires s'adressent-elles directement ou indirectement à elles. Comme la presse occidentale est en grande partie financée par les annonces qui y paraissent, le jour où les femmes n'achèteront plus un certain quotidien ou une certaine revue parce que sa partie rédactionnelle ne leur plaît pas, les annonceurs s'y feront rares. Même s'ils le désiraient, les hommes n'auraient pas la moindre chance de publier ce qu'ils pensent vraiment des femmes dans la grande presse qui s'adresse aux deux sexes.

Il en est de même des émissions de télévision, elles aussi financées par la publicité. Dans la plupart des pays occidentaux, la télévision est une télévision publicitaire. Ce qui signifie qu'on n'y montre que ce qui franchit la barrière de la censure féminine. Il ne s'agit pas naturellement d'une censure à priori, mais à posteriori. Elle fonctionne d'après le principe suivant : quand un produit ne trouve pas grâce, son producteur est congédié, ce qu'il cherche à éviter en se censurant lui-même.

De temps à autre, on peut risquer une bagatelle et représenter très prudemment les femmes sous un jour plus conforme à la vérité. Cela peut être utile et insuffler provisoirement un peu de vie à un journal. Finalement, la femme l'emporte toujours. Pour un article qui critique la femme, il en paraît cent autres pour la glorifier.

Les journaux et les publications qui s'adressent principalement à des lecteurs de sexe masculin permettent de le constater : l'homme refuse d'être renseigné sur son rôle véritable. Une revue féminine comme Cosmopolitan peut éventuellement oser plaisanter cette société de pères adoptifs qui se croient amants, car elle est lue presque exclusivement par des femmes qui savent fort bien au fond ce qu'elles font de leur compagnon. Mais les revues masculines, fabriquées par des pères publics, sont destinées à des individus qui sont presque tous des pères adoptifs : Time, Newsweek, L'Express, Der Spiegel doivent représenter l'homme sous les traits d'un oppresseur brutal du sexe féminin. Quel sens ces lecteurs trouveraient-ils à leur lutte quotidienne s'ils s'apercevaient que celles qu'ils protègent n'ont nullement besoin de l'être, si on leur révélait que les véritables esclaves, finalement, ne sont autres qu'eux-mêmes ? Les éditeurs des magazines masculins tirent sur la même corde que les femmes : même quand ils distinguent l'oppresseur de l'opprimé, ils se gardent bien d'en faire part dans leurs publications.

Dès que l'intelligence dépasse une certaine mesure, elle peut devenir dangereuse pour celui qui la possède. Une intelligence moyenne, nous l'avons dit, ne voit jamais qu'un seul aspect d'une question, aussi prend-elle facilement une décision dans une situation donnée et « gouverne-t-elle » sa vie de façon relativement simple. Mais il n'y a pas qu'un aspect à une question quelle qu'elle soit, il y en a plusieurs. L'intelligence supérieure les aperçoit tous, simultanément : à une première opinion elle ajoute aussitôt une seconde, qui lui paraît aussi évidente. Or, laquelle des deux est juste, et laquelle est fausse ? Si tout se passe d'une certaine façon, que va-t-il arriver, ceci ou cela, car les deux sont possibles ? Une trop grande intelligence est source d'indécision et d'angoisse vitale. L'intellectuel souhaite par-dessus tout que quelqu'un lui dise comment il lui faut se comporter. Il est toujours à la recherche d'une protection qu'il ne peut trouver nulle part. Car qui devrait-il accepter comme protecteur ? Ce ne peut être plus bête que lui, et il ne rencontrera pas du premier coup quelqu'un de plus intelligent.

De même que chez la femme, le « manque de féminité » (l'absence de caractéristiques spécifiquement féminines) est souvent le point de départ d'une capacité intellectuelle normale, chez l'homme, c'est souvent un certain « manque de virilité » (l'absence de caractéristiques spécifiquement masculines) qui est à l'origine de l'intelligence supérieure. Un gros pourcentage d'hommes dits intellectuels ne paraissent pas très robustes au point de vue physique. L'incapacité de rosser un camarade de classe a produit plus de grands penseurs que l'intérêt porté au début aux secrets de l'univers : on se retire alors automatiquement dans un domaine où l'on trouve la confirmation de soi-même qui vous était refusée par ailleurs. Par exemple, devant le fait que les jeunes porteurs de lunettes sont souvent de grands liseurs, nombreux sont ceux qui croient que la lecture abîme la vue. En réalité, ces porteurs de lunettes lisent beaucoup parce que leur vue est faible : sur la base de leur constitution particulière, ils ont recours à une autre échelle de valeurs.

Il existe deux possibilités pour un intellectuel : ou bien il s'abandonne à l'angoisse de vivre, ou il la dissimule derrière le masque de la témérité. Ceux qui suivent la première voie sont peu nombreux. Une femme peut manifester son angoisse, un homme n'en a pas le droit. Du fait qu'un anxieux ne recherche pas un objet à protéger, mais quelqu'un qui le protège, une mère, l'homme aura encore plus de difficultés. Une « mère » devrait lui être supérieure intellectuellement tout en étant son pôle opposé au point de vue physique : il trouvera difficilement une femme qui remplisse ces deux conditions. Il n'obtiendra le simulacre de la mère qu'après son premier succès professionnel. Quand un intellectuel se fait connaître comme écrivain, peintre, metteur en scène, compositeur, parce qu'il a décrit son angoisse existentielle de façon si convaincante que tous les autres intellectuels peuvent s'identifier à lui, il rencontre après coup sa « protectrice ». Dès lors, il peut manifester ouvertement son angoisse, il se rend même intéressant chaque fois qu'il le fait. Dans son œuvre, les femmes sont toujours le sexe fort, puissant, devant lequel les hommes capitulent sans condition. Dans leurs rapports avec les femmes, les artistes hommes seront donc des adorateurs ou des dénonciateurs, soit Ingmar Bergman soit Norman Mailer : pour ainsi dire jamais sur un pied d'égalité.

À vrai dire, la plupart des intellectuels préfèrent l'image d'un Norman Mailer à celle du perpétuel adorateur. De peur qu'on découvre leur angoisse, ils imitent le type d'hommes qu'ils voudraient être au fond d'eux-mêmes. Comme les bons comédiens sont rares parmi eux, il leur arrive souvent de tirer au-dessus du but. C'est surtout quand ils se retrouvent en groupe que leur exagération confine parfois au grotesque.

Quiconque entre sans être prévenu dans la salle de rédaction d'un quotidien, dans un studio de télévision ou dans une agence de publicité, c'est-à-dire dans la sorte d'endroits où se rassemblent particulièrement de nombreux personnages doués d'une très grande sensibilité, pourrait croire qu'il se trouve sur un cargo en pleine mer. Les hommes qui l'accueillent dans ces bureaux totalement climatisés, au sol recouvert de moquette, ont l'aspect qu'ils auraient s'ils devaient être appelés d'un moment à l'autre à pelleter du charbon à fond de cale, à traîner de lourds fardeaux ou à jeter l'ancre en plein vent. Avec leurs vestes de cuir défraîchies, leurs pantalons de velours rêche, leurs barbes et leurs barbiches, leurs brûle-gueule, ils ont l'air de loups de mer, de conducteurs de poids lourds ou d'ouvriers du bâtiment, et non d'hommes dont l'unique effort physique est de tenir ferme un crayon entre trois doigts de la même main.

Ces hommes font de la « surcompensation ». Ils imitent ce qu'ils ne sont pas et vont par conséquent trop loin. Ils font ce que font les autres, mais cela ne répond à aucun besoin véritable, et ils n'ont pas le sens de la mesure. Convaincus que cela fait « viril », ils supportent le supplice du whisky et des eaux-de-vie fortes, ruinent leur santé à force de cigarettes qu'ils roulent eux-mêmes, passent leurs samedis après-midi dans les tribunes des terrains de football, attrapent des courbatures dans des voitures de sport inconfortables ou sur des motos BMW aux milliers de tours à la minute.

Alors qu'ils s'élèvent contre toutes les manières de verser le sang, ils protestent fanatiquement contre les limitations de vitesse sur les routes. Alors qu'ils craignent la mort plus que quiconque - ils ont en effet l'imagination nécessaire pour se la représenter - ils raccourcissent de façon certaine leur vie, ne serait-ce que par le cancer du poumon, en fumant à la chaîne. Alors qu'ils sont la plupart du temps plutôt timides avec les femmes et qu'ils s'expriment autrement de façon choisie - étant peu sûrs d'eux, ils parlent de « frustration », de « libération » et savent même ce que ces mots signifient - ils n'ont pour elles, dès qu'ils sont entre eux, que le vocabulaire le plus ignoble de l'argot des travailleurs manuels : ce sont des « gonzesses » bonnes tout juste à être « enfilées » et « baisées à couilles rabattues ». Et alors que leurs modèles ouvriers revêtent pour le week-end leur « complet du dimanche », eux gardent soigneusement leur déguisement de la semaine. Et ils se rendent solennellement aux manifestations intellectuelles qu'ils organisent - concerts, théâtres, expositions artistiques - dans des ensembles « jeans » artificiellement délavés. À chaque instant, il faut qu'ils représentent et défendent leur image de « sauvetage » ...

Mais dans des domaines où ils sont incapables de rivaliser avec leurs modèles, ils invoquent leur intelligence supérieure et prétendent que leurs faiblesses constituent leur force. En général, un intellectuel est incapable de « planter un clou », il ne « comprend rien aux affaires d'argent », il n'a pas « la moindre idée du fonctionnement d'une bagnole », et pour changer un fusible il fait appel au gérant de l'immeuble.

Pour s'intéresser à de tels détails, il faut être un « primaire », n'est-ce pas ? Or, on veut bien être un primitif, mais un primaire, certainement pas ! Ainsi, de même qu'une femme ne doit rien savoir faire parce qu'elle est féminine, il faut que l'intellectuel soit incapable de tout parce qu'il sait faire autre chose...

Du fait qu'il est en effet capable de penser abstraitement, ce « surcompensé » travaille justement là où les femmes peuvent l'utiliser le mieux : dans les journaux et les maisons d'édition, à la radio et à la télévision, dans les instituts de sondage et les agences de publicité. Et le fait qu'il traite si volontiers des problèmes féminins devient, pour les objectifs féminins, d'une valeur incalculable. Car, contrairement aux « adorateurs », il ne dit pas aux femmes : « Vous êtes les plus grandes. » Naturellement, là aussi, là surtout, il faut qu'il exagère par « surcompensation », et c'est d'ailleurs pour cela qu'il s'intéresse tellement à la « question de la Femme ». C'est pour lui l'occasion de bomber le torse : « Nous sommes les plus grands, les plus forts ! Ne voyez-vous pas, pauvres petites femmes, à quel point nous vous exploitons, vous maltraitons ? » Il ne peut en être autrement : pour ne pas manifester à quel point il a besoin de protection, l'intellectuel surcompensé doit présenter celles dont il réclame l'appui comme ayant elles-mêmes besoin d'être protégées. Alors que l'homme moyen donne de toute façon une impression de force, l'intellectuel, pour paraître fort, doit inventer quelqu'un de plus faible que lui.

L'intellectuel est donc le meilleur allié que la femme puisse se souhaiter pour défendre son statut d'objet à protéger. Les intérêts de la femme et de l'homme coïncident ici comme nulle part ailleurs : la femme a besoin de feindre la faiblesse, l'intellectuel se doit de jouer la comédie de la force. Un journaliste qui écrit chaque jour dans son quotidien que les hommes oppriment atrocement les femmes - ce qu'il ne fait pas lui-même, naturellement - approche d'aussi près qu'il est possible la représentation que la femme se fait du bon journalisme. Un producteur de la télévision qui s'indigne parce qu'on peut considérer la femme comme un objet sexuel et qui recommande aux autres hommes de pratiquer dans leurs rapports avec leurs femmes l'amour du prochain, c'est-à-dire l'altruisme, l'esprit de sacrifice, la tolérance, produit, d'après l'échelle des valeurs de la femme, la meilleure télévision possible.

L'ironie des choses veut donc que les hommes qui ont le plus besoin d'être protégés soient justement qui affirment aux femmes qu'il leur faut absolument une protection, de même que les plus neutres, les mous au point de vue sexuel, les plaignent parce - prétendent-ils - ils auraient envers elles des exigences amoureuses vraiment abusives. Mais puisque tout cela a lieu - affirme-t-on - dans l'intérêt de tous, y compris des autres hommes, personne ne va chercher plus loin. Quant aux femmes qui refusent d'être protégées - et il n'y a qu'elles qui pourraient s'élever contre cette comédie - elles sont si peu nombreuses que leur opinion n'a pas de poids.

Il existe des hommes qui non seulement affirment qu'ils oppriment les femmes, mais qui le croient vraiment. Ce sont les pères publics par incapacité intellectuelle. Ce sont en effet des hommes incapables d'interpréter les choses les plus simples de façon cohérente.

Il n'est pas nécessaire que cette incapacité intellectuelle s'applique à tous les domaines de la pensée, elle peut ne concerner qu'une partie de la compréhension. Friedrich Engels, Karl Marx, August Bebel, Sigmund Freud étaient intelligents, mais ils ont clairement échoué dans leur analyse des rapports entre les deux sexes (cf. le chapitre : « Le sexe le plus faible est le plus fort »). En effet, l'homme élevé par une femme - et quel est celui qui ne l'est pas ? - est absolument incapable de considérer les femmes sans idées préconçues[3]. La psychologie moderne part du principe que la plupart des valeurs auxquelles se tiendra plus tard un être humain sont le résultat de l'imprégnation, qui a eu lieu au cours des premières années de sa vie, de la part de la personne qui s'occupe de lui, c'est-à-dire de sa mère. Les grands féministes ont tous été originaires de familles bien établies de la bourgeoisie, leurs mères ont été des objets à protéger de toute première catégorie, et elles ont naturellement défendu leur statut privilégié par la méthode bien connue du lavage de cerveau.

Quant au véritable esclave de la famille, le père, ils ne le voyaient que rarement, asservi comme il l'était par le travail indispensable à l'entretien de sa femme et de ses enfants.

Il est également possible, comme nous l'avons déjà supposé, que ces révolutionnaires aient été des démagogues adroits et que des raisons politiques les aient

---

[3] Voir mon livre précédent : *L'Homme subjugué*, Omnia Veritas Ltd – www.omnia-veritas.com

amenés à inventer de toutes pièces le conte de fées de la femme opprimée. Compte tenu de leurs prouesses intellectuelles dans d'autres domaines, cette explication paraît même s'imposer. À l'exception de Sigmund Freud : s'il a compris la folie de sa théorie au sujet de la femme, il s'agit probablement d'un intellectuel « surcompensé », aveugle volontaire.

Disons toutefois, pour excuser ces défenseurs historiques de la femme, qu'avant l'introduction du suffrage féminin et nos connaissances récentes en matière d'instinct, les hommes ont pu croire beaucoup plus qu'aujourd'hui que les femmes étaient opprimées. Quand un intellectuel comme John Kenneth Galbraith, professeur à Harvard en 1976, décrit la femme américaine comme étant la « servante de l'homme » et laisse imprimer des phrases comme : « Dans le courant de la démocratisation, presque tout l'ensemble de la population masculine dispose aujourd'hui d'une épouse comme domestique[4] », il n'y a à cela que deux explications plausibles : il refuse de voir les faits en face ou il ne peut pas les voir (il fait l'imbécile, ou

---

[4] J. K. Galbraith, *Économie de l'État et de la Société.*

il en est un). Car il ignore ou veut ignorer, entre autres faits, ceux qui suivent et qui sont valables pour la plupart des pays industriels de l'Ouest, ceux-là mêmes sur lesquels il multiplie livres et articles :

1.   Les hommes sont astreints au service militaire, les femmes ne le sont pas.

2.   On envoie les hommes à la guerre, les femmes n'y vont pas.

3.   Les hommes prennent leur retraite plus tard que les femmes (ils devraient avoir droit à une retraite anticipée puisque leur espérance de vie est plus courte).

4.   Les hommes n'ont pratiquement aucune possibilité d'agir sur les conséquences de l'acte de la fécondation (il n'y a pour eux ni pilules ni moyen d'interrompre la grossesse féminine ; ils doivent - et ne peuvent faire autrement - n'avoir que les enfants que les femmes décident de garder).

5.   Les hommes font vivre les femmes, les femmes ne font jamais vivre les hommes, sauf de façon provisoire.

6.   Les hommes travaillent toute leur vie, les femmes provisoirement ou pas du tout.

7.   Bien que les hommes travaillent toute leur vie, et les femmes de façon seulement provisoire ou pas du tout, ils sont dans l'ensemble plus pauvres qu'elles (les femmes américaines possèdent déjà soixante et un pour cent du capital privé des États-Unis).

8.   Les enfants des hommes leur sont « prêtés » ; ce sont les femmes qui les possèdent (comme les hommes travaillent toute leur vie, puisqu'il est admis qu'ils le doivent, et non les femmes ; en cas de divorce, elles ont automatiquement la garde de l'enfant).

On pourrait poursuivre longtemps la liste des désavantages masculins. Le journaliste qui, placé devant ces faits incontestables, continue à prétendre que la femme est l'esclave de l'homme - et qui le croit -s'est trompé de profession : il est incapable de penser de façon logique.

Que deviendrait une accusation sans témoins à charge ? Pour que les pères publics puissent prétendre que, comme tous les hommes, ils oppriment la femme, ils ont besoin de victimes qui défilent à la barre, car là où personne ne se déclare lésé, il est difficile de parler de délit ou de crime.

Il y a des femmes pour jouer ce rôle de faux témoins : ce sont elles aussi des enfants adoptifs, mais des enfants adoptifs publics. Prenant la parole au nom de tout leur sexe, elles certifient qu'elles sont véritablement réduites en esclavage, que les hommes les maltraitent, les exploitent, qu'ils ne les comprennent pas du tout, et qu'elles se sentent « humiliées » par eux. Pour atteindre leur but, elles accumulent délibérément les faux témoignages en dramatisant des situations particulières, par exemple une tragédie isolée.

Décidément, les féministes, hommes ou femmes, ressemblent à des enfants qui jouent à l'« enterrement » : ils creusent une tombe, y ensevelissent un simulacre, et se mettent à pousser des gémissements.

Naturellement, l'endroit de la cérémonie est très important : les enfants qui veulent attirer l'attention de leurs parents sur leur douleur crient là où on les entend le mieux, donc le plus près possible de chez eux. Les femmes qui veulent convaincre les hommes de la tristesse de leur sort, enterrent leurs « simulacres » à grand spectacle dans nos métropoles, de préférence dans la plus grande de toutes, à New York. Que ce soit là l'endroit le moins indiqué du monde, celui où les femmes américaines mènent la vie la plus confortable, disparaît presque complètement dans l'émotion générale.

En effet, ce que veulent surtout ces enfants publics, c'est manifester dans le voisinage immédiat de leurs plus grands protecteurs, et c'est bien à New York que les pères publics sont les plus nombreux et les plus influents. C'est là que paraissent les journaux les plus cités et les plus copiés de la presse mondiale : New York Times, Time et Newsweek. Obligatoirement, le monde entier leur emboîte le pas : quand les journalistes américains affirment que l'homme asservit la femme, Européens, Américains du Sud et Australiens osent à peine protester. C'est d'ailleurs dans l'intérêt du « business » : dans tous les pays, les hommes conditionnés demandent à lire ce qu'écrit les pères publics américains.

L'organisation centrale du mouvement féministe américain, le N.O.W. (National Organization for Women) compte près de quarante mille membres, mais cela ne veut pas dire que l'idée qu'elle défend soit raisonnable.

Lorsque Alan Abel, humoriste de leur pays, a appelé ses compatriotes à recouvrir par des vêtements la nudité de leurs animaux domestiques, dont la vue pouvait choquer leur pudeur, cette pantalonnade a elle aussi été prise au sérieux par quarante mille Américains ! Il faut considérer ce nombre dans ses vraies proportions : dans un pays qui compte plus de deux cents millions d'habitants, toute idée, pour insensée qu'elle soit, recueille une certaine quantité d'adhésions. Que le mythe de la femme sous-privilégiée trouve le plus de défenseurs là où la femme vit le mieux est révélateur : c'est bien là qu'hommes et femmes doivent faire les plus grands efforts pour dissimuler ce fait incontestable.

===

Si le N.O.W. a trouvé une plus grande audience que tout autre groupement d'importance semblable - qui donc a entendu parler en Europe du test sur la pruderie montée de toutes pièces par Alan Abel ? - c'est qu'en dehors de cette organisation, il existe des hommes et des femmes disposés à entendre répéter que les femmes sont asservies. Car quels que soient les moyens employés pour leur propagande par les féministes du N.O.W., pour maladroits, absurdes et balourds qu'ils puissent être, votre journal vous en parle le lendemain matin. Ou bien, elles ont elles-mêmes rédigé ces articles - beaucoup d'entre elles sont journalistes et en Amérique elles ont pris en main la rubrique féminine de tous les quotidiens – ou bien un père public a consciencieusement rapporté l'événement. Et de là, le message se répand sur le reste du monde : les journaux américains rapportent sans rire l'opinion des féministes pour ou contre Kissinger, sur Marilyn Monroe, sur les pantalons longs, les culottes courtes, les vaporisations vaginales, le saphisme ou l'abstinence sexuelle. Qui donc oserait être assez « raciste » pour ne pas imprimer les dernières nouvelles du combat que mènent ces femmes courageuses pour leur liberté ?

On pourrait se demander pourquoi d'ailleurs elles le font. Quel avantage les femmes écrivains et journalistes tirent-elles de jouer partout ce rôle de victimes ? Abstraction faite de la question matérielle, profitent-elles davantage de la mauvaise conscience des hommes ?

Les femmes journalistes ne sont pas des héroïnes. Elles se servent de ce qu'elles ont sous la main et, à part quelques exceptions, elles écrivent exactement ce que le public veut lire. Les responsables de l'image qu'on se fait de la femme, ce ne sont pas elles, mais ceux qui achètent leur prose. Parmi les femmes journalistes de renom, il n'en est pas une qui croie aujourd'hui encore au mythe de la femme opprimée - du moins doit-on le supposer pour leur honneur - mais tant qu'on leur demandera d'écrire à ce sujet, elles le feront. Aux États-Unis surtout, cette libération verbale de la femme est devenue une industrie régulière. Il existe des publications spéciales, par exemple Ms, dont les affaires sont si florissantes qu'elles peuvent présenter des photos en couleurs sur papier glacé de « leurs » femmes opprimées et libérées. Le mythe de la femme servante de l'homme fait désormais concurrence aux contes de la Mère l'Oye.

Le journalisme de la « question féminine » a sur toutes les autres rubriques l'avantage d'une simplicité particulière. Pour clouer au pilori l'esclavage féminin en tant que témoin de l'accusation, il ne faut ni courage (personne n'est contre, on n'a donc pas d'ennuis), ni style (peu importe comment on écrit, l'essentiel est d'affirmer que son sexe est opprimé), ni connaissances spéciales (le seul diplôme exigible est d'avoir un vagin), ni idées (cela, elles le laissent aux hommes).

Car l'idée de la femme asservie est, comme nous l'avons dit et répété, une idée d'homme. Elle n'a pas été inventée par Beauvoir, Friedan, Millett et Greer - comment les femmes auraient-elles pu imaginer qu'elles sont opprimées ? - mais par Marx, Engels, Bebel et Freud. Les femmes intellectuelles se contentent de livrer les « simulacres » nécessaires à leurs cérémonies funèbres. Elles utilisent les méthodes suivantes :

a)   Comptes rendus d'événements,

b)   Comptes rendus d'initiation,

c)   Statistiques tronquées.

Dans un compte rendu d'événement, une femme rapporte souvent un cas isolé, vraiment tragique, mais que les autres femmes présentent comme exemplaire.

Dans un compte rendu d'initiation, une femme décrit comment elle ressent « en tant que femme » une situation donnée. Ainsi, Germaine Greer expose aux lecteurs de Playboy que « pour une femme » tout rapport sexuel équivaut à subir un acte de violence. Gloria Steinem explique à ceux de Der Spiegel que, s'il y a si peu de médecins femmes, c'est parce que, « en tant que femme », on n'arrive pas à se représenter un médecin de son propre sexe ! Ellen Frankfort[5] a une manière à elle d'expliquer le manque de chirurgiens femmes : « en tant que femme », on évite cette profession à cause des hommes qui disent que les stations debout prolongées provoquent des varices et que la femme devient du même coup sans attraits pour eux ! Et pour bien indiquer ce qu'on ressent dans la vie quotidienne « en tant que femme », on recourt aux comparaisons avec les minorités raciales : les Américaines affirment qu'elles sont traitées dans leur propre pays comme les nègres, les femmes des autres pays occidentaux leur emboîtent le pas en affirmant qu'elles

---

[5] Ellen Frankfort, Vaginal Politics, New York, 1972.

aussi se sentent traitées comme les nègres américains
(« Nous sommes les nègres de la nation. »)

Tandis que les comptes rendus d'événements et
d'initiation se prêtent à la dramatisation, la méthode de la
statistique tronquée permet de demeurer froidement
scientifique. On cite la première partie d'une enquête, et
on oublie par hasard la seconde.

Si l'on se plaint du petit pourcentage de femmes qui ont
fait de la politique leur profession, on passe sous silence
que les femmes, disposant de 51 à 55 p. 100 de tous les
suffrages, peuvent choisir et élire toutes les femmes
qu'elles veulent.

Si l'on célèbre le pourcentage élevé de femmes qui ont
une profession, on passe sous silence que, du chiffre
qu'on cite, seule la moitié correspond à celles qui
travaillent à plein temps, que c'est une toute petite
minorité qui travaille « toute la vie » (les statistiques
parlent toujours des autres), et qu'on ne peut absolument
pas comparer une femme et un homme qui tous deux

travaillent, car la femme n'assume jamais les besoins du ménage entier, mari et enfants compris.

On réprouve la double charge qu'ont les femmes qui travaillent au-dehors, mais on passe sous silence que, selon les statistiques, dans le cas où tous deux ont une occupation extérieure, le père consacre le même temps que la mère à des travaux annexes : démarches auprès des autorités, déclaration d'impôts, réparations dans la maison, entretien de la voiture, jardinage, surveillance des enfants, etc.

On accuse la « société bâtie par l'homme » des bas salaires de la femme, mais on oublie de dire que les contrats collectifs sont débattus entre les syndicats et les entreprises, et qu'il n'y a qu'une partie insignifiante des ouvrières et des employées qui s'inscrivent à un syndicat, pour ne pas parler de celles qui y font un travail actif.

On démontre que les femmes, en tant que femmes de ménage et gardiennes des toilettes, font tous les travaux désagréables, mais on ne dit jamais que les travaux vraiment pénibles sont exécutés par des hommes : ils sont mineurs, éboueurs, balayeurs des rues, égoutiers, fossoyeurs, médecins de l'état civil, bouchers, médecins légistes, spécialistes en proctologie, en maladies de la peau, en maladies sexuelles et en anatomie pathologique.

On reproche aux hommes leur législation qui interdit l'interruption de grossesse (« Mon ventre m'appartient »), mais on ne dit pas que, selon les statistiques, il y a plus d'hommes que de femmes favorables à la législation de l'avortement, et que ce sont les partis conservateurs, où les femmes constituent la majorité des électeurs, qui s'y opposent.

On reproche aux hommes d'avoir inventé la pilule pour les femmes et non pour eux-mêmes, mais on ne dit pas que l'industrie pharmaceutique internationale a investi, jusqu'ici sans succès, dans la pilule masculine, des sommes plus de mille fois supérieures à celles qui ont permis d'inventer la pilule féminine, et que de plus cette pilule féminine place l'homme dans la dépendance absolue de la femme.

On utilise le fait que la clientèle des psychanalystes se compose de plus de femmes que d'hommes comme la preuve d'une plus grande fréquence, chez elles, d'épuisement nerveux, mais on oublie que les suicides sont plus nombreux chez les hommes, et que, dans la plupart des cas, ce sont eux qui financent les séances psychanalytiques ruineuses de leurs compagnes.

Ce que veulent les enfants publics, ce n'est pas que leurs sœurs se débarrassent de leurs protecteurs, au contraire. En accusant les hommes d'être responsables de tout ce qui est désagréable dans l'existence féminine, elles les enfoncent encore plus dans leur rôle de pères. Ce qu'elles réclament, ce n'est pas de devenir responsables d'elles-mêmes, mais une éducation antiautoritaire : elles sont lasses de leur maison de poupée et voudraient, à l'instar des petits garçons, jouer - comme le disent les Allemands - avec de vrais « couteaux, fourchettes, ciseaux et allumettes ».

C'est ainsi que les enfants publics condamnent leur sexe à être celui du crétinisme. Car il y a une différence entre dire de quelqu'un qu'il ne veut pas faire autre chose que ce qu'il fait, et affirmer qu'il ne peut pas le faire.

Dire des femmes qu'elles ne veulent rien faire d'autre, c'est les placer sur le même plan que les riches : la bêtise du riche est une conséquence de son luxe, son style de vie dépend de son choix, son refus de tout poste actif important est une preuve de sa souveraineté. Pour que le sort de la femme change, il lui suffirait de le vouloir : cela ne dépend que d'elle.

En revanche, affirmer que les femmes ne peuvent rien faire d'autre, ce serait les traiter d'idiotes congénitales. Si, malgré leurs efforts les plus intenses, après des dizaines d'années d'exercice du droit de vote, de majorité numérique électorale, de bien-être matériel, de libre choix d'études et de professions, elles n'étaient pas arrivées plus loin qu'elles ne le sont aujourd'hui, la seule explication serait une infériorité psychique congénitale. De tels êtres seraient incapables de changer eux-mêmes leur sort, ils dépendraient vraiment de la pitié et de la compréhension de leur milieu, les femmes auraient réellement besoin de l'altruisme de l'homme.

On peut difficilement supposer que les féministes conçoivent bien ce qu'elles tentent de faire des femmes. Elles agissent comme des enfants, soit. Mais des enfants, fussent-ils des enfants publics, ne sont pas responsables de leurs actes.

Les hommes ne voient en nous qu'un objet sexuel, se plaignent les femmes. Que tout irait bien, si c'était vrai ! En réalité, un homme doit faire un gros effort d'imagination pour voir dans sa partenaire un objet vraiment sexuel. La plupart des femmes choisissent de préférence un homme près duquel elles se sentent inférieures, « un homme que je puisse admirer », comme elles disent. Or, un être inférieur à soi n'est pas un objet sexuel, mais un objet à protéger : un enfant. Pour considérer quelqu'un comme objet sexuel, il faut qu'il soit à l'opposé de vous physiquement, mais intellectuellement votre égal. Or, la bêtise n'est pas une qualité spécifiquement sexuelle : bête n'est pas le contraire de masculin, mais d'intelligent. Cela ne rend pas la femme plus féminine, comme beaucoup le croient, mais plus infantile.

Un être inférieur excite l'instinct nourricier, protecteur, de son compagnon, et non son instinct sexuel, et il l'incite de ce fait à la polygamie.

Comme son compagnon ressent le besoin impérieux de la traiter avec précaution, tout acte sexuel est pour lui une cause de mauvaise conscience. Il recherchera une seconde partenaire qui, si elle aussi est inférieure à lui, lui inspirera également des remords, si bien qu'il passera à une autre, et ainsi de suite. Certains homosexuels ne sont certainement que des hommes résignés qui ont longtemps cherché parmi les femmes une partenaire sexuelle vraiment adulte. En amour, ils en sont arrivés à préférer la similitude du sexe à l'infantilisme intellectuel.

Bien que le polygame moyen ne trompe réellement pas sa femme, mais un autre homme, il en a rarement conscience : comment pourrait-on tromper au point de vue sexuel une femme qui voit dans son mari un père adoptif ? Pour l'enfant adoptée, le père-mari n'est pas un amant, aussi n'est-elle jalouse des autres femmes que si elles constituent un danger pour son entretien. Naturellement, elle préférerait être l'enfant unique, mais quand une

« sœur » se présente, il ne faut surtout pas que la nouvelle venue devienne la préférée. S'il y a répartition équitable et si le père est assez fortuné, peu importe essentiellement à la femme ce que l'homme fait avec l'« autre ».

Le polygame devrait donc avoir mauvaise conscience non envers sa femme, mais envers les autres hommes. Du fait qu'il y a équilibre presque parfait au point de vue nombre entre les populations masculine et féminine, tout homme qui se permet d'avoir deux femmes enlève à un autre homme une partenaire éventuelle. Un cheikh arabe doté de cent femmes ne leur fait pas grand mal : dans son harem, elles sont bien entretenues ; l'« exploitation » sexuelle, répartie sur un grand nombre d'entre elles, est donc minimale ; elles n'ont pas à se séparer de leurs enfants et ont toujours de la société. C'est pour les hommes pauvres que cette situation est humiliante : le cheikh prive de partenaires quatre-vingt-dix-neuf d'entre eux.

De même, dans la forme déjà mentionnée, sud-américaine, de la polygamie, la femme n'est pas la perdante, c'est l'homme qui l'est. La véritable victime du machisme est toujours un autre macho, car tout homme qui a deux femmes vole à un autre homme sa femme éventuelle. Du fait que le macho riche exige de toutes ses femmes la fidélité en contrepartie de leur entretien, et comme d'autre part les jeunes filles cherchent à augmenter leur valeur marchande en gardant leur virginité, l'homme sans argent n'a guère d'espoir de pouvoir obtenir gratuitement quelque satisfaction sexuelle. La conséquence est l'institution du bordel, telle que le reste du monde n'en connaît pas de semblable : les hommes pauvres, auxquels on a pris la femme qu'ils auraient pu avoir, doivent se partager celles qui restent. Mais pas plus que le riche, le macho pauvre, grâce au lavage de cerveau que nous avons décrit plus haut, ne se rend compte de ce qui se passe. Lui aussi, il est convaincu que ses pareils oppriment l'autre sexe, et dès qu'il a assez d'argent pour louer une demi-heure les services d'une partenaire sexuelle, il se sent supérieur à toutes les femmes !

On peut être sûr que les Américains du Sud démunis de fortune - à condition qu'ils puissent s'éveiller de leur égarement - oublieront un jour leur fameux « machisme ».

Mais la morale de la femme - de toute celles, nombreuses, qui se laissent entretenir toute leur vie - ne leur offre pas aujourd'hui la moindre chance. Les machos qui doivent se contenter de putains parce qu'il leur est impossible d'avoir une autre femme, ne représentent certainement pas cette société « faite par l'homme », spéciale à l'Amérique du Sud, dont parlent les ignorants. Ces femmes qu'on dit vénales ne sont pas les victimes des hommes qui les paient, elles doivent leur sort à la vénalité des femmes soi-disant convenables qui les poussent dans les bras de ceux qu'elles privent de sexualité.

La femme a le choix : elle peut faire de l'homme son père adoptif ou son amant, elle peut miser sur la compassion ou le désir sexuel de son compagnon. Tant qu'elle jouera le rôle de l'enfant qu'il faut protéger, elle prouvera incontestablement qu'elle préfère être un objet de compassion. Tant qu'elle voudra être, à tout point de vue, la plus faible, la plus jeune et la plus sotte, tant qu'elle souhaitera que l'homme soit supérieur à elle, elle s'adressera ouvertement à l'altruisme de son partenaire, non à son amour.

Sciemment, la femme égare les sentiments de l'homme : elle a l'aspect d'un être adulte et un comportement infantile, elle exige de la passion tout en gardant elle-même la tête froide, et quand elle parle de tendresse, pour elle ce mot signifie protection. Elle prive les deux sexes d'amour, elle y renonce elle-même volontairement, l'homme doit se contenter de ce qu'elle en laisse subsister : « Celui qui aime vraiment, affirme-t-elle, pense d'abord au bonheur de son vis-à-vis. » Telle est la définition que la femme donne de l'amour, et l'homme s'efforce de s'y tenir. Mais chaque fois qu'il ressent pour une femme ce qu'elle attend de lui - chaque fois qu'il pense d'abord à son bonheur à elle - le bonheur le fuit, et chaque fois qu'il se sent pleinement heureux avec une femme, c'est qu'il a en premier lieu pensé à lui-même.

Nous avons vu avec quelle facilité la femme peut manipuler les instincts de l'homme : il lui suffit pour cela d'être un peu plus faible, un peu plus froide et un peu plus sotte que lui pour qu'il ait bientôt envie d'assurer sa subsistance. Mais cette facilité elle-même est-elle une raison suffisante pour que la femme y recoure ? Depuis quand un avantage personnel justifie-t-il un acte quel qu'il soit ?

Il y a des choses qu'on ne fait pas bien qu'on puisse les faire. Par exemple, un homme ou une femme civilisés ne maltraitent pas un animal bien qu'ils en aient la possibilité. Quand les femmes seront-elles devenues assez civilisées pour ne plus abuser des hommes ? Quand cesseront-elles de transformer leur amant en père nourricier pour la simple raison qu'elles en ont le pouvoir ? Quand donc les femmes élimineront-elles enfin de l'amour la barbarie qu'elles y perpétuent ?

Tant qu'elles ne le feront pas, il ne restera d'autre recours à l'homme que la polygamie. Aussi ne doit-il avoir à ce sujet aucun remords de conscience. Tant que la femme imitera l'enfant, tant qu'elle se laissera protéger sans aucune raison, l'homme aura le droit d'avoir plusieurs femmes. Il a le droit de rechercher, parmi toutes les soi-disant fillettes qu'il rencontre au cours de sa vie, la Femme, jusqu'à ce qu'il la trouve. Nous l'avons dit, c'est lui qui est en fin de compte la victime de sa polygamie.

Laissons-le libre de décider du tort qu'il veut s'infliger à lui-même.

AUTRES OUVRAGES

Omnia Veritas Ltd présente :

Le Féminisme Français
I
L'Émancipation individuelle et sociale de la Femme

Dans le féminisme il y a le mot et la chose. Le mot est né en France... Quant à la chose, elle est plutôt d'origine américaine...

Le programme de l'émancipation féminine...

Omnia Veritas Ltd présente :

Le Féminisme Français
II
L'Émancipation politique et familiale de la Femme

A la vérité, ce qu'on appelle pompeusement l'éducation intellectuelle de la femme semble incompatible avec les obligations de l'épouse et de la mère.

Dès l'enfance, on initie la future compagne de l'homme aux connaissances les plus indigestes.

Omnia Veritas Ltd présente :

Ce que vaut une femme
Traité d'éducation morale et pratique des jeunes filles

PAR

ÉLINE ROCH

Qu'adviendrait-il de notre pays le jour où la **femme** se trouverait détournée de sa **destination naturelle ?**

C'est à son cœur autant qu'à son intelligence qu'il faut que l'on s'adresse